KB205768

이 책은 우리네 신앙과 신학에서 뼈대를 이루고 있는 중요한 개념을 여럿 다루면서, 이 개념들에 대한 우리의 기존 이해가 가진 문제점을 드러냅니다. 그렇다고 그에 대한 자신의 획기적인 대답을 제시하기보다는 기존의 이해가 충분하지 않음을 보이며 무엇보다도 우리 현실 속에서 진지한 고민이 필요함을 거듭거듭 이야기합니다. 물론 그는 나름의 의견을 제시하지만 이 역시 조금도 위압적이지 않으며, 부드럽고 잔잔하게 제시합니다. 그에 이어지는 '작은 제안', 그리고 '개인적인 이야기'까지, 저자의 글은 정말 부드럽고 친절하며 따뜻하고 솔직합니다.

이 책에서 다루는 주제는, '성경을 어떻게 받아들일 것인가'에서부터, 인간 이해, 죄와 원죄, 하나님의 뜻, 구원과 하나님나라, 회개, 믿음, 내세와 종말까지, 그야말로 우리 신앙의 핵심적 사안들입니다. 이 묵직한 주제들을 다 다루면서도 이처럼 간결하고 부드러우면서도 쉽고 잘 읽히게 표현했다는 점 하나로도 이 책의 가치는 충분합니다. 이런 주제를 다룬다는 점에서 꽤 '조직신학'적일 것 같지만, 뜻밖에도 저자는 계속해서 성경 본문을 중점적으로 다루고 풀이하되, 제2성전기와 유대교까지 넘나듭니다. 따라서 이 책은 성경 전체를 배경으로 한 간결하고 압축적인 '성서 신학'이라고 표현해도 결코 무리가 없습니다.

저자의 말처럼, 해석은 우리를 자유롭게 하면서 동시에 그만큼 고통스럽게 합니다. 저자의 글은 이 중요한 문제들에 대한 정답이 아닌, 고민을 제시하며 각자 어떻게 이해하고 응답해야 할지를 돌아보게 합니다. 오늘 우리에게 필요한 책은 정답이 아니라, 나름의 답을 향한 고민과 모색을 정직하게 나누는 책이라 볼 때 본서는 정확히 그런 책입니다. 특히 그저 막연히 본문을 진지하게만 읽을 것을 넘어 구약과 신약 안에 담긴, '약자에 대한 따뜻한 시선'과 '사랑'을 견지한다는 점 역시 무척 인상적입니다.

이를 드러내지 않는, 소위 '성경을 어떻게 읽을 것인가' 류의 책은 그저 속절없는 중립을 말하는 책이 되어버리고 쉽고, 현실의 예민한 문제는 아예 언급조차도 하지 않는 두루뭉술한 원칙적 진술만 가득한 무책임한 책이 되어버릴 수 있기 때문입니다. 이 책은 결코 그렇지 않습니다. 고민이 가득하지만, 솔직하고, 명확한 시선을 지녔습니다.

김근주_ 기독연구원 느헤미야 교수

일면식 없는 저자의 원고를 받아 들고 훑어보는데 서문에서부터 당장 눈에 띄는 몇 가지 구절이 내 마음을 사로잡았습니다. '조금씩 혼란스러워졌다', '신앙을 한다', '새로운 고민의 시작에 있어 마중물 같은 이야기가 되어주었으면 하는 바람이다'. '아하, 이 책은 내 동료가 쓴 책이구나. 내가 편히 읽고 권할 수 있는 책이겠구나'하는 생각에 안심하고 책을 읽어 나갔습니다.

읽는 내내 즐거웠던 반면, 기대만큼 편히 술술 읽히진 않았습니다. 성경 해석, 하나님의 형상, 하나님 나라, 내세와 종말까지 늘 많이 고민했던 주제들을 다루었기에 저의 생각과 비교하고 질문해 가며 읽었습니다. 어떤 곳에선 충분히 일리가 있었고, 어떤 곳에선 저와는 생각의 방향이 달랐습니다. 어떤 부분은 왜여기서 한 발 더 내딛지 못했을까 하는 아쉬움이 들었습니다. '왜 이렇게 생각했지? 어떻게 이런 방향을 잡게 되었지?'라는 질문이 책장마다 계속 일어났습니다. 하지만 그런 질문들이 이 책의 가치를 떨어뜨리지 않았습니다. 오히려 이렇게 고민과 질문을 불러일으킨다는 점이 이 책의 진정한 가치라 생각합니다.

좋은 책은 많은 지식을 전달하는 책이기보다는 질문을 던지고 말을 건네는 책입니다. 이 책은 완벽한 결론이 아니라 대화를 위한 저자의 '말건넴'입니다. 독자들은 자연스럽게 저자와 함께 대화하고 질문하며 이 책을 읽을 수 있고, 혼란스러웠던 신앙, '더 믿으려 할수록 더 괴로워지던' 과거와 어느 정도 화해하고, 이제 내 신앙이 나아가야 할 방향이 어디인지 가늠해 볼 수 있을 것입니다. 신앙은 정해진 답을 학습하고, 더 강하게 믿는 힘을 기르는 것이 아닙니다. 오히려 함께 질문하며 삶의 방향을 잡고, 꾸준히 걸을 수 있는 동기를 계속 공급받는 것이 진정한 신앙입니다. 그런 점에서 이 책은 어떠한 신앙의 틀과 내용을 제시한다기보다는, 새로운 신앙을 만나고 지속할 힘을 제공하는 책입니다. 무엇보다 곳곳에 저자의 친절하고 온유한 사랑이 가득 배어 있는 책입니다.

박현철_ 청어람 ARMC 대표

신기열 목사님의 『새로운 신앙을 만나려는 당신에게』는 신앙인이라면 누구나 한 번쯤 마주하게 되는 '질문'에 대한 깊은 성찰과 씨름의 결실입니다. 성경 해석의 스펙트럼은 매우 넓고, 역사의 과정 속에서 다양한 삶의 자리와 시대적 맥락에 따라 형성되어 왔습니다. 종교 개혁자들의 성경 해석만 보더라도, 그들의 삶과 시대적 질문에 대한 치열한 답변과 노력을 느낄 수 있습니다. 이러한 역사적 해석의 산물들은 결코 가벼이 여길 수 없는 귀중한 유산입니다.

이 책은 '그렇다면 지금 우리는 어떻게 성경을 읽어야 하는가?'라는 질문에 대해 객관적이고 균형 잡힌 기준을 제시하고자 한 신기열 목사님의 노력의 결과물입니다. 성경 읽기에 대한 질문과 고민을 품고 있는 독자들에게, 이 책은 명

확한 방향을 제시하고 신앙의 여정을 깊이 있게 안내해 줄 훌륭한 길라잡이가
될 것입니다.

신성관_ 더드림교회 담임 목사

전도사로, 출판마케터로 그리고 현재 보험대리점 지점장으로 일하고 살면서 지
금껏 '사람을 변화시키는 것은 무엇인가?'라는 질문을 계속해왔습니다. 그리고
결국, 누구에게나 진심으로 다가가 이해하고 소통하는 친구가 되어주는 것만이
그를 변화시킬 수 있음을 깨닫게 되었습니다. 이 책을 읽으며, 젊은 날 교회와
신앙에만 몰두했던, 근본주의적 신앙관으로 똘똘 뭉쳐있던 제가 바뀌게 된 첫
장면이 떠올랐습니다.
신학교 마지막 학기에 우연히 듣게 된 '과학과 종교의 대화'라는 수업에서, 창조과
학을 신봉하며 이를 열정적으로 주장하던 저를 멈춰 세운 건 최신 과학 이론이
아니었습니다. 오히려 제 이름을 부르며 열린 마음으로 탐구의 길을 떠나라 권하
셨던 교수님의 한 마디였습니다. 그 말 한마디가 제 인생을 뒤흔들어 놓았습니다.
이 책이 누군가에게 친구로 다가가, 그가 신앙을 다시 발견하고 현실을 책임 있
게 살아가도록 이끌 것이라 확신합니다. 신앙으로 인한 강박과 죄의식에서 벗어
나, 성경의 풍성한 이야기 안에서 단단하면서도 건강하게 살아갈 그의 모습이
그려집니다. 현실은 참담하지만, 친구가 있는 한 삶을 포기하지 않을 것이기 때
문입니다. 저의 청년 시절처럼, 누군가도 이 책을 통해 자신이 혼자가 아님을 깨
닫고, 수많은 고민의 동료들과 함께 새로운 신앙의 길을 떠날 수 있길 바랍니다.
특별히 밤새 코인장을 들여다보고 관계는 관찰예능으로만 경험하는 이들, 유튜
브 알고리즘에 문해력을 장악당한 채 기성세대의 위선에 환멸을 느끼는 이들,
그 기성세대에게 여전히 이해받지 못하고 판단 당하는 이들을 기억합니다. 그
들에게도 우리의 이러한 질문과 고민, 이해와 소통이 닿길 바라는 마음으로 이
책을 추천합니다.

이승용_ 카라멜에셋 지점장

모든 언설은 그것이 발생한 시대를 배경으로 두고 있습니다. 신앙의 내용을 설
명하는 신학적 언어도 여기에서 자유롭지 못합니다.
저자는 성경을 비롯하여 특정 시대에서부터 생겨나 지금까지 이어져 오고 있는
신앙의 내용과 신학의 언어들(하나님의 뜻, 구원, 천국, 회개, 믿음, 내세와 부

활)이 어떻게 다시 전해지고 들려지고 이해되어야 하는지, 그리고 그것이 현재를 살아가는 신자의 삶의 자리에서 어떠한 도움이 될지에 대해, 오랜 시간 고민하고 연구한 결과를 들려줍니다. 즉, 그것들이 '오늘 우리에게 어떻게 의미를 가질 수 있는가?'에 대해 이해하는 방식을 제안하고 있습니다. 개인적으로 저자의 제안에 많은 부분 공감하고 동의했습니다.

딱딱하고 어려울 수 있는 내용임에도 불구하고 쉽게, 그러나 결코 가볍지 않게 전하기 위해 독자들을 배려한 흔적이 곳곳에 배어 있습니다. 혼자서도 충분히 읽고 그 유익을 누릴 수 있지만, 그룹으로 함께 모여 한 장(챕터)씩 읽으면서 서로 의견을 나눠본다면 더 큰 유익이 있을 것입니다.

이진용_ 기독교대한성결교회, 재일대한기독교회 목사

시편에는 '새 노래'로 하나님을 찬송하라는 구절들이 있습니다. 하지만 여기서 '새 노래'란 우리가 생각하듯 완전히 새로운 장르나 음악적 트렌드를 의미하지 않습니다. 성경에서 새것이란 '기존의 완전했던 것을 회복하고 갱신한 것'이란 뜻을 갖고 있으니까요. '새 노래를 부르라'는 말은 곧 우리의 온전했던 찬양을 다시 회복하고, 오늘 이 자리에서 갱신된 의미를 부여함으로써 새로운 신앙의 차원으로 나아가라는 권면의 메시지입니다. 계시록이 바라보는 새 하늘과 새 땅이 이전의 모든 것을 부정하고 파괴한 후 제공되는 새로운 특정 장소가 아닌, 태초에 창조되었으나 망가지고 일그러진 지금 우리의 이 땅과 하늘들이 온전히 회복되고 갱신된 모습을 의미하듯 말입니다.

그런 면에서 『새로운 신앙을 만나려는 당신에게』라는 제목은 오해의 소지가 있습니다. 이 책은 기존의 모든 그리스도교 신학을 부정하거나 그것을 폄훼하고 아예 새로운 신학 이론들을 소개하지 않습니다. 오히려 신자들이 마땅히 돌아가야 할 올바른 신학적 성찰들을 소개합니다. 성경을 바라보고 접근하는 관점, 인간의 존재와 죄 그리고 회개에 대한 정의 등은 완전히 새로운 것이 아니라 사실은 진정으로 우리가 추구했어야 할 이해들입니다. 새로운 신앙을 소개한다기보단, 참된 신앙적 관점들을 제공하는 셈이죠. 그러므로 책 제목을 '진정하고 온전한 신앙을 만나려는 당신에게'라고 해도 무방합니다. 하지만 그런 의미에서 (시편의 표현을 따르자면) 본서의 제목으로 『새로운 신앙을 만나려는 당신에게』 역시 어울리겠네요. 진정하고 온전한 신앙으로 되돌아감으로써, 신앙의 새로운 차원으로 나아가고자 하는 모든 그리스도인들에게 이 책을 추천합니다.

정우조_ 광야교회 담임 목사

새로운 신앙을
만나려는 당신에게

* 책에서 인용한 성경 구절은 대체적으로 새번역 본문을 사용했고 때에 따라 개역 개정을 혼용했습니다.

* 가독성을 높이기 위해 각주 표기를 생략하고, 모든 참고 문헌을 간략한 내용 소개와 함께 책의 뒤편에 있는 '도움이 되었던 좋은 책들'에 정리했습니다.

새로운 신앙을
만나려는 당신에게

신앙에 대한 또 다른 해석과 마주하다

신기열

지우

· 감사의 글 ·

생각의 조각들을 책으로 만들 수 있도록 도와주신 분들에게 감사를 드립니다.
많은 격려와 도움으로 출판 과정을 마무리 지어주신
출판사 지우에게 깊이 감사드립니다.

부족한 저를 용납해 주고 넉넉한 마음으로 함께 신앙생활해 주는
우리 더봄 식구들(비달, 타냐, 가리, 춘식, 봉심, 수달, 쏠티, 짠밥, 도라,
희동, 에몽, 구리, 예콩, 소두 그리고 어린이들), 함께 신앙에 대해 고민하고
함께 삶을 부대끼며 살게 되어 영광이라고, 이번 기회를 통해 언어화해 봅니다.
항상 보듬어주시는 양가 부모님께 감사하고
끝으로 나의 우주, 사랑하고 존경하는 우리 부인과
우리에게는 언제까지나 아기새인 지우, 연우에게 가장 깊은 마음을 전합니다.

✦ 신앙에 대한 또 다른 해석과 마주하다

참 이상합니다. 교회 생활을 오래 하고 예배와 성경공부 모임도 열심히 하고, 그렇게 기독교 신앙에 대해 많이 배우기 시작하면 무언가 나아질 줄 알았습니다. 조금씩이라도 무언가 더 명확하게 보이고, 또 '터럭만큼이라도 더 성숙해지는 삶을 살아갈 수 있지 않을까'라고 기대했지요. 그런데 참 이상하게도 전혀 그렇지 않은 것 같습니다. 사실 조금씩 혼란스러워졌다는 것이 더 정확한 것 같습니다. 오히려 이전보다 더 잦은 고민 속에서 살아가고 있는 자신을 발견하기 일쑤지요. 교회에서 이야기하는 것들을 토대로 세상을 이해하고 살아가려 했던 모습들이 언제부터인가 조금은 불편하게 다가오기 시작했습니다. 네, 맞습니다. 그동안 교회에서 배워왔던 이야기들과 우리가 살아가는 사회가 너무 동떨어져 있다는 생각이 들 때가 많아진 것 같습니다. 기독교 신앙이 말하는 메시지들, 종교적인 이야기들, 그리고 진리라고까지 표현하는 이야기들이 우리가 살아가는 삶의 자리에서는 이상하게 비상식적이거나 폭력적인 방식으로 드러나고 있는 것만 같습니다. 아니, 사실 교회 안에서만 해도 얼마든지 자기모순적인 모습들을 찾아볼 수 있습니다. 세상이 중요하게 여기는 가치들보다 영적인 무언가를 추구하며 살아간다고 하지만, 실상은 권력과 돈 같은 것들이 덕지덕지 달라붙어 있는 교회의 모습은 우리가 괴리감을 느끼기에 충분합니다. 그러니 자기들만의 세계를 벗어나 세상을 마주할 때는 오죽할까요? 사랑을 이야기하면서 누군가를 배제하거나, 혐오 혹은 폭력의 방식으로 세상 속에 자신들의 신앙을 표출하면서 그것만이 진리라고 끝없이 외치는 모습이 이제는 그리 낯설지도 않습니다.

'신앙을 한다'라는 것은 도대체 어떤 의미일까요? 우리는 오랜 시간 동안 형성되어 온 어떤 방식의 이해만을 계속해서 정답이라고 생각해야 할까요? 물론 이런 질문들이 불손하거나 혹여 신앙을 등진 사람들이 하는 것이라고 생각하는 분들도 있습니다. 애초에 신앙에 대한 이러한 고민, 회의감, 혹은 흔들리는 이유가 믿음이 확고하지 않기 때문이라고 생각하기도 하지요. 이 패역하고 하나님을 모르는 세대에 물들어 '정통' 교회가 전하는 진리와는 다른 방향으로 자꾸 미혹되기 때문이라고 말하는 분들이 있을지도 모르겠습니다. 하지만 저는 이런 질문들이 오히려 우리들의 신앙에 있어, 가장 중요한 이야기들을 시작할 수 있게 해줄 것이라 생각합니다. 그래서 지금부터 함께 기독교 신앙의 중요한 키워드 몇 가지를 중심으로 이런저런 이야기들을 나눠보고자 합니다. 여전히 교회를 다녀도, 오히려 다니면 다닐수록 더 혼란스러워지기만 하는 우리들의 신앙생활을 조금이나마 돕기 위해서 말이지요. 하지만 솔직히 말하면 이 이야기들을 함께 다 읽어 나간다고 해도 무언가 명쾌해질 거라는 생각은 하지 않는 것이 좋습니다. 아마 더 고민스러워질 테니까요. 왜냐하면 저는 정해진 답을 이야기하려고 하는 것이 아니거든요. 그저 조금 다른 방법으로 생각해 보자는 것뿐입니다. 그 속에서 앞서 드렸던 질문들에 대해 이런 방식으로 대답할 수도 있다고 소개하고 싶을 뿐입니다. 먼저는 가장 중요하다고 할 수 있는 '성경 읽기'에 대한 이야기를 해보려 합니다. '성경을 어떻게 받아들이느냐'라는 질문에 대한 새로운 대답은 그만큼 우리의 신앙을 새로운 방식으로 형성할 수 있게 해준다고 생각하거든요. 그 이후에 우리에게 매우 익숙하지만, 조금은 다른 방식으로 생각해 볼 수 있는 주제들을 가지고 이야기해 보려 합니다. 당연히 이것들이 유일한 정답은 아닙니다. 그저 이 새로운 고민의 시작에 있어 마중물 같은 이야기가 되어주었으면 하는 바람입니다. 여느 학술서들처럼 깊은 내용을 다루고 싶은 것도 아닙니다(제게는 그럴 능력도 없고요). 다만 이 이야기들을 통해 또다시 신앙에 대한 우리의 고민이 시작되었으면 좋겠습니다. 그리고 혹여 우리의 고민이 멈추어져 있다면, 다시금 한 걸음을 내딛을 수 있기를 바랍니다. 함께 나누는 이 이야기들이 매일매일 힘에 겨운 우리들의 신앙의 여정에 작은 위로가 되어주길 바랍니다.

1장

'성경 읽기'에 대한 이야기

신앙에 대한 또 다른 해석과 마주하다

먼저 이 이야기를 하지 않고 시작할 수는 없겠지요? 맞습니다. 지겹겠지만 또 성경에 대한 이야기입니다. 왜냐하면 성경이 기독교 신앙을 이해하는 가장 기본적인 접근 방법이기 때문입니다. 우리는 개인의 이성적인 판단이나 특별한 종교적 체험, 아니면 예전부터 이어져 내려온 기독교 전통들을 통해서 이 주제에 접근할 수도 있습니다. 하지만 이런 접근들이 기본적인 방법은 아닙니다. 거의 전부라고 해도 좋을 만큼 기독교 신앙의 내용들은 성경을 토대로 형성되었기 때문입니다. 하지만 우린 의외로 이 부분에 대해 잘 고민하지 않습니다. 혹시 의아하신가요? 평소에 '아니, 우리의 신앙생활에서 성경이 거의 전부를 차지하는 거 같은데요?'라고 생각하시나요? 물론 그렇습니다. 우리의 신앙생활은 너무하다 싶을 정도로 성경으로 가득 차 있습니다. 하지만 제가 이야기하고자 하는 것은 성경에 어떤 내용이 담겨있는지에 대한 고민이 아닙니다. 그보다는 성경이라는 텍스트를 **'우리가 어떻게 받아들이는가?'**와 관련된 이야기입니다. 이런 질문은 조금 낯설지 않으신가요? 아마 많은 분들이 으레 '성경을 어떻게 받아들이냐니, 하나님의 말씀이지 뭘 어떻게 받아들여?'라고 생각할 것입니다. 당연하다는 생각이 자신도 모르게 신앙생활 속에서 당연히 이어져야 할 많은 고민들을 잠재우고 있을지도 모릅니다. 그래서 저는 모든 이야기를 시작하기에 앞서 우선 이 문제부터 생각해 보려고 합니다. 이어지는 이야기들이 특정한 주제에 대한 것이라면, 지금 할 이야기는 우리 모두가 홀로 신앙을 사유할 수 있게 해주는 토대라고 말할 수 있을 만큼 매우 중요합니다.

우리는 성경이라는 텍스트를 어떻게 인식하고 또 받아들이고 있을까요? 그것을 읽는다는 것은 어떤 의미일까요? 일반적으로 '성경 읽기'에 대해 이야기한다고 하면, 성경을 어떻게 읽을지에 대한 이야기로 이해하는 경우가 많습니다. 방법적인 부분과 그런 과정을 통해 어떤 메시지들을 꺼낼 수 있는지 이야기하는 것도 중요하다고 생각합니다. 하지만 제가 했던 질문들은 단순하게 '성경을 어떻게 읽을 것인가'와는 다릅니다. 바로 '텍스트를 어떻게 받아들이고 있는가'라는 인식론적인 맥락의 질문입니다.

성경을 어떻게 받아들여야 하는지에 대한 이야기

우리는 모두 텍스트를 읽을 때 '해석'이라는 작업을 하고 있습니다. 이른바 '읽기'라는 행위를 하고 있는 것이지요. 그래서 텍스트를 읽는다는 것에는 단순하게 그것을 '어떻게, 어떤 방식으로 읽을 것인가?'에 대한 이야기뿐만 아니라, 우리의 읽는 행위와 해석이라는 과정이 무엇인지에 대한 생각도 포함되어 있습니다. 이런 범주의 이야기를 '해석학'이라고 부릅니다. 문학이나 철학을 공부하셨다면 조금은 익숙할 것입니다. 이렇게 해석학의 관점에서 본다면, 당연히 성경을 읽을 때도 이런 철학적 해석학의 차원에서의 접근이 필요합니다. 왜냐하면 성경 역시 다양한 형식의 글, 특별히 문학의 형태로 갈무리된 텍스트이기 때문입니다. 하지만 안타깝게도 성경에 대한 이러한 접근이 우리에게 그다지 익숙하지 않습니다. '성경은 하나님의 말씀이자 진리이다'라는 말이 이런 이야기들을 무시하게 만들고 있는 것 같습니다. 또 상대적으로 '성경을 어떻게 읽을 것인가?'에 대한 이야기는 성서신학이라는 분야에 포함되어 많이 다루어지지만, 이러한 해석학적 접근은 아직 그러지 못합니다. 때문에 우리에게는 아직 생소한 이야기일지도 모릅니다.

이뿐만 아니라 '성경을 어떻게 읽을 것인가'도 어쩌면 우리에게 그다지 익숙하지 않을지도 모릅니다. 조금 과감하게 말해본다면 분명 익숙하지 않을 겁니다. 아직도 많은 사람들이 소위 역사비평에 대해 들어보지도 못했을 거거든요. 심지어는 그런 이야기들을 하는 사람들을, 신앙이 없거나 이단이라고까지 여기는 분들도 많습니다. 결국 많은 사람들이 '성경을 어떻게 받아들이는지'에 대한 고민에 앞서, '어떻게 읽어야 하는가'에 대해서도 그다지 익숙하지 않다는 것입니다. 그저 텍스트에 담긴 이야기들에만 익숙해져 있다는 것이지요. 그래서 저는 성경에 담긴 주제들을 다루기에 앞서, 간단하게라도 이런 이야기들이 꼭 먼저 언급되어야 된다고 생각합니다. 해석에 앞서 이 텍스트 자체를 우리가 '어떻게 받아들이고, 어떻게 읽어야 하는가'에 대해서 말입니다. 우선은 성경을 어떻게 받아들여야 하는지에 대해서부터 시작합니다.

텍스트를 인식하는 첫 번째 방식

아주 오래전에 재미있는 글을 본 적이 있습니다. 글쓴이는 자신을 철저한 신앙인이라고 소개하면서, 성경 말씀을 어긴 적이 한 번도 없다고 이야기했습니다. 자신이 유일하게 한 가지 회개했던 일이 실수로 족발을 먹었던 일이라면서요. 처음에는 일종의 반어법인가 싶었는데, 글쓴이의 다른 글들을 찾아보니 진심으로 그런 말들을 하고 있더군요. 그는 기본적으로 성경에 적힌 그대로를 다 지켜야 한다고 이해하는 듯했습니다. 예를 들면 성경에는 먹을 수 있는 음식과 먹을 수 없는 음식을 구별해 놓았으니 먹을 수 있는 것만 먹어야 한다는 식으로 말이지요. 술도 마찬가지입니다. 술 취하지 말라고 했지 먹지 말라고는 안 했으니까 술은 마시되 절대로 취하기까지는 마시지 않는다, 뭐 이런 식입니다.

어떻습니까? 제가 든 예 말고도 비슷한 패턴의 이야기를 많이 들어보셨을 겁니다. 핵심은 성경에 적혀 있으니 '그렇게 해야 한다' 또는 '그렇게 하면 안 된다'라는 이해방식입니다. 이방인이랑 결혼했어도 이혼하라고 하셨으니(스 10:11) 어떻게 신앙이 없는 사람이랑 결혼을 할 수 있냐는 식으로 적용하거나 불신교제 같은 이상한 말들을 만들어낸다는 것이지요. 또 사도 바울이 여자는 머리를 가리지 않고 기도하면 안된다고 했는데(고전 11:5) 어떻게 머리를 풀고 교회에 올 수 있냐는 식입니다. 여자들은 무조건 단정하게 머리를 묶어야 하고, 더 나아가 '노출이 심한 옷은 남자들을 시험 들게 할 수 있으니 단정한 옷을 입어야 한다'와 같은 그런 폭력적인 생각들 말입니다. '성경이 이렇게 말하고 있기 때문이다!'라는 건데, 우리에게 그다지 낯선 이야기는 아닌 것 같습니다.

그들의 이유 : 하나님의 영감

그렇다면 생각해 봅시다. 위와 같이 말하는 사람들은 어떤 이유에서 성경을 그렇게 읽어야 한다고 생각하는 걸까요? 다른 교양서적들은 그런 방식으로 읽지 않으면서, 도대체 성경을 어떻게 인식하고 있기에 성경만큼은 그렇게 받아들여야 한다고 생각하는 걸까요? 여러 가지 차원에서 접근해 볼 수 있겠지만, 가장 기본적으로는 성경이 기록되는 과정 중에 전적인 신의 개입이 있었다고 생각하기 때문일 것입니다. 다시 말해 성경이 '하나님의 영감'을 통해 기록되었다는 것입니다. 영감 즉, 하나님의 영적인 감동은 어떻게 인간의 기록하는 행위 가운데 개입한 것일까요?

혹자는 한 글자 한 글자 마치 받아쓰기하듯이 기록되었다고 생각합니다. 기록자인 인간은 자신을 드러내지 않고, 어떤 신비 앞에서 하나님의 의도대로 기록했다는 것입니다. 또는 사람들이 자기들의 개성과 이성 그리고 그들의 삶을 토대로 성경을 기록했지만, 그 과정과 방향은 하나님이 그분의 의도대로 이끌어 가셨다고 생각합니다. 예를 들면 선장은 키를 움직여 배의 움직임을 조정하는데 어느 쪽으로 키를 잡느냐에 따라, 배는 같은 방향을 향해 가더라도 조금씩 다른 궤

적을 그리며 가게 됩니다. 그래서 선장이라는 사람의 역할은 항해에 있어 매우 중요합니다. 한편 그보다 중요한 것은 바람입니다. 아무리 선장이 키를 잡아도 바람이 반대 방향으로 불면 범선은 선장이 의도한 대로 가기 어렵습니다. 영감은 마치 이것과 비슷하다는 것입니다. 배는 하나님이 원하시는 방향으로 움직이고 정해진 방향을 거스르거나 바꿀 수는 없습니다. 하지만 그 방향 속에서 조금씩 선로를 조정하는 정도에는 (선장이라고 할 수 있는) 성경 기자들의 개인적인 특성이 드러난다는 것이지요. 인간이 기계적으로 받아쓰지는 않았지만, 성경이 알게 모르게 하나님의 의도대로 기록되었다고 이해하는 방식입니다.

이렇듯 성경이 하나님의 영감이라고 하는, 신적인 개입을 통해 기록되었기에 성경을 하나님의 말씀 그 자체로 생각한다는 것입니다. 이것은 진리가 되어 시공간을 초월해 언제나 보편타당한 메시지가 되고, 따라서 우리는 이를 규범적으로 받아들여야 한다는 것입니다. 이런 방식으로 받아들이는 사람들은 문자가 말하는 그대로 이해하는 경향이 있습니다. 텍스트 자체에 신적인 권위를 부여하기 때문에 쓰인 그대로를 진리로 받아들이게 됩니다. 이런 이유에서 혹자는 이들을 '문자주의자'라고 부르기도 합니다.

두 번째 방식

또 다르게 이해하는 사람들도 있습니다. 어떤 사람들은 텍스트에 담긴 메시지가 하나님의 말씀으로서 권위를 가진다고 생각합니다. 단순히 문자적으로만 해석할 것이 아니라 문자를 통해 말하고 있는 메시지가 무엇인지 생각함으로써, 그렇게 해석된 메시지가 하나님의 말씀이라는 것입니다. 조금 애매하지요? 둘 사이를 구분할 수 있는 예를 하나 들어보겠습니다. 앞서 언급했던 이야기를 다시 볼까요? '바울이 여자들은 머리를 가리고 기도해야 한다고 말했으니까 오늘도 여자들은 머리를 가리고 기도해야 해!'라고 읽는다면 이는 문자적으로만 읽는 것입니다. 그와 달리 이 말의 맥락과 배경 즉, 당시 공동체의 모임 상황과 사회적인 관습 속에서 이해하려는 방식이 두 번째 방식입니다. 이때 용모를 단정하게 하고 공공예배의 질서를 세우기 위한 맥락에서 바울의 말을 이해할 수 있습니다. 그렇게 바울의 말을 통해 공공예배의 질서를 세우라는 메시지를 해석하고, 그 메시지가 시대를 불변하는 하나님의 말씀이라고 받아들이는 것입니다.

이 방식은 앞선 '문자주의'의 방식보다는 조금 더 상식적으로 느껴집니다. 적어도 글의 맥락이나 배경 지식을 통해 텍스트가 말하고자 하는 의미를 파악하려고 했기 때문입니다. 그래서 성경을 이렇게 받아들이는 사람들은 앞서 말씀드렸던 방식을 부정적으로 생각하는 경우가 많습니다. 하지만 조금만 생각해 보면 사실 이 두 가지 방식은 중요한 부분에서는 매우 닮아 있다는 것을 발견할 수 있습니다. 문자주의자를 비판하며 텍스트에 담긴 메시지를 하나님의 말씀이자 진리로 생각하는 사람들이 텍스트를 이해하기 위해 '어떻게 읽을 수 있을까'라는 고민을 하는 것만큼은 분명합니다. 그들은 문화와 관습, 세계관, 문학적인 형태에 대해 연구하며 텍스트를 보다 제대로(?) 읽기 위해 노력합니다. 여기서 공통점은 바로 그런 노력을 통해 해석된 메시지를 하나님의 말씀으로서 시대 불변의 메시지로, 즉 규범적으로 받아들인다는 점입니다. 문자주의자들에게 그것이 텍스트의 문자 그대로라면, 이들에게는 텍스트를 해석한 메시지가 그렇다는 것이지요. 결국 '성경을 어떻게 받아들일 것인가'라는 질문에는 변함이 없습니다. 텍스트 그 자체든 아니면 텍스트가 담고 있는 메시지든 간에 그것이 하나님의 말씀이 되어 진리로서 기능하며, 시대 불변하는 메시지로 우리에게 다가온다는 것입니다.

그런데 한 번 생각해 봅시다. 사실 성경을 읽을 때 문자 그 자체의 메시지와 문자에 담긴 메시지가 명확하게 구분되는 경우가 그리 많지는 않습니다. 무엇보다 텍스트에 담긴 메시지를 해석하는 것은 좀 불편한 행위입니다. 애초에 해석이라는 영역은 매우 상대적이기 때문입니다. 단순하게 이야기해도 당장 성경의 한 부분을 가지고 세계적인 석학들이 얼마나 다른 의견과 해석들을 제시하고 있는지 어렵지 않게 알수 있습니다. 혹자는 아직 해석의 경험치가 충분치 않아서 그렇다고 말하기도 합니다. 언젠가 해석들이 축적되면 하나의 메시지를 도출해 낼 수 있을 거라 생각하는 것이지만, 이는 순진한 생각입니다. 시간이 아무리 지나고 해석의 경험치가 쌓여도 모든 사람의 해석이 같을 수는 없기 때문입니다. 읽기라는 것이 그런 것이니까요. 결국 '텍스트가 말하는 메시지'라는 그들의 말은 어쩌면 다소 자의적이고 상대적인 해석의 결과물일 수도 있습니다. 또 만약 대부분의 사람들이 동일한 해석을 지지한다고 해도, 그것은 오늘날 우리들의 시대에 한정된 해석일 수 있습니다. 그런데 이것을 그냥 시대 불변의 진리라고 받아들이는 것이 정말 옳을까요? 저는 이런 맥락에서 그들을 '은근한 문자주의자'라고 부릅니다. 자신들은 아니라고 말하지만 텍스트든 해석된 메시지든 거기에 신적 권위를 부여하는 행동은 동일하기 때문입니다. 어떤 형식으로든 그 결과물을 여전히 시공간을 초월하는 진리로 받아들이고 있다는 것입니다. 저는 그렇게 진리라는 옷을 입고 규범적으로 다가오는 텍스트가 오늘 우리에게 많은 경우 비상식적이고 폭력적인 메시지로 드러나고 있다고 생각합니다.

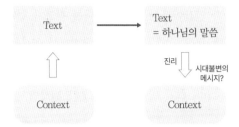

첫 번째 방식
(문자주의자)

Text ⟶ Text
= 하나님의 말씀

진리 → 시대불변의
메시지?

Context   Context

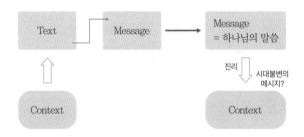

두 번째 방식
(은근한 문자주의자)

Text → Message ⟶ Message
= 하나님의 말씀

진리 → 시대불변의
메시지?

Context   Context

새롭게 이해해 보려는 시도

그래서 이와는 다른 방식으로 성경을 이해하고 받아들이려는 이들이 있습니다. 이들은 **오랜 시간에 걸쳐 여러 신앙 공동체들이 하나님을 어떻게 인식해 왔고, 또 신앙의 대상으로서 어떻게 신앙고백했는지에 대한 이야기들을 갈무리해 놓은**

텍스트가 바로 성경이라고 이해합니다. 성경은 오랜 시간 동안 신앙을 토대로 자신들의 삶을 이해하고 해석하며, 그 속에서 세상과 인간이라는 존재의 의미를 찾고자 했던 사람들의 신앙고백이라는 것입니다. 이런 관점에서 성경은 당시 세계관 속에서의 신학적 증언 내지는 일종의 신앙고백이라고 볼 수 있습니다. 다시 말해 신앙을 통한 해석의 결과물이라는 겁니다.

성경을 이렇게 받아들이는 사람들은 텍스트의 메시지들을 해석하고, 그것을 오늘 우리들의 신앙에 의미 있는 이야기들로 중요하게 생각합니다. 하지만 그것이 오늘날에도 무조건 정답이 되는, 시간과 공간을 초월하는 메시지라고 생각하지는 않습니다. 텍스트 자체가 당시 사람들의 상황과 세계관, 그리고 무엇보다 신앙이라는 맥락의 해석적인 산물이라는 것을 염두에 두기 때문입니다. 예를 들어 성경에 담긴 질병에 대한 인식들을 보면, 일반적으로 이를 하나님이 주시는 징벌의 차원에서 이해하고 있음을 볼 수 있습니다. 죄를 지었으니 병에 걸렸다는 것입니다. 그런데 그런 생각이 오늘날 상식의 범주에서도 당연한 이야기일까요? 누구나 알듯이 그렇지 않습니다. 하지만 여전히 그런 이해를 갖고 있는 이들이 있습니다. 아직도 불의의 사고를 당해 고통받는 이들에게 '죄를 지어 이런 사고가 났으니 회개해야 한다'라는 폭언(폭력)을 쏟아냈다는 이야기를 심심치 않게 듣습니다. 지금 우리의 상식 안에서 질병은 세균과 바이러스 때문에 생깁니다. 그렇지만 고대 사람들은 질병의 원인을 알 수가 없었습니다. 그래서 원인을 알 수 없는 질병들을 신앙의 맥락에서 이해하고 해석했던 것입니다. 그런데 이러한 맥락에서 나온 신학적 이해를 오늘로 가져와서 무작정 보편타당한 이야기 혹은 진리로 받아들인다면, 이는 비상식적이거나 폭력적인 형태로 드러날 수 있습니다.

남자는 여자의 머리가 되기에 여자는 남자를 주인처럼 대하듯 하라는 구절도 한번 생각해 봅시다(엡 5:22-23). 만약 이 말을 읽으면서 불편하지 않으셨다면, 자신의 인권 감수성에 대해 다시 생각해 보아야 할 것입니다. 이런 말들에는 당시의 가부장적이고 여성 차별적인 사고방식이 그대로 묻어납니다. 특히 에베소서는 그중에서도 매우 보수적인 방식으로 신앙을 해석한 공동체의 편지입니다. 안타깝게도 여성에 대한 차별은 오늘날에도 제대로 해결되지 않고 있습니다. 노예제도 역시 마찬가지입니다. 성경은 노예인 그리스도인들에게 모든 일에 육신의 주인에게 순종하고 복종하라고 권면합니다. 주인을 마치 주님을 대하듯 하라고 말하며(엡 6:5, 골 3:22) 노예제도를 당연한 것처럼 생각하고 있습니다. 왜냐하면 실제로 당시의 사회가 그랬기 때문입니다. 오늘날 학대와 폭력 속에 있는 사람들을 대할 때 과연 우리가 이 말을 잣대 삼아야 할까요? 아닙니다. 우리는 원하든 원치 않든 간에 그런 폭력의 상황에서 그를 꺼내주어야 합니다. 성경에 기록된 여러 이야기들을 신앙에 중요한 의미로 받아들였던 당시의 공동체는 노예제도가 존재했던 시대를 살았고, 인권이라는 개념이 부족했습니다. 저런 구절들은 그 시대의 사고방식에서 나온 신학적 해석일 뿐입니다.

간단하게 세 가지 예를 살펴보았습니다. 중요한 점은 텍스트가 당시 세계관을 토대로 한 해석의 산물임을 잊지 않는 것입니다. 텍스트의 메시지는 어느 특정한 시대를 살았던 사람들의 삶의 자리와 신학 속에서 특별하게 해석되고 신앙고백된 메시지라는 것을 기억하자는 말입니다. 때문에 이 신앙고백들이 오늘 우리에게도 여전히 신앙에 대한 이해와 도전, 고민과 의미를 주지만 그것을 불변하는 진리로 오늘날 우리의 삶 가운데 무작정 드러내려 한다면 그것은 다시 생각해보아야 할 문제입니다. 성경이라는 텍스트를 이렇게 인식하기 시작한다면, 우리의 성경 읽기와 신앙은 이제부터 고민의 연속이 될 것입니다. 이제는 텍스트와 더불어 계속해서 우리들의 삶과 현실에 대해 이해하고 고민해야 할 테니 말입니다.

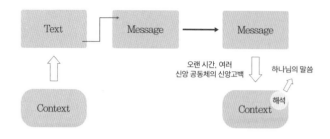

새롭게 이해해 보려는 시도

성경을 어떻게 읽을 것인지에 대한 이야기

성경을 어떻게 인식할지에 대한 이야기에 이어서 이제는 성경을 어떻게 읽을 것인가에 대해서도 이야기해보려고 합니다. 이 두 가지가 명확하게 구분되지는 않지만 굳이 구분해보자면, 후자는 텍스트를 읽는 일종의 방법론적인 접근, 즉해석의 기술이라고 할 수 있을 것 같습니다. 이 이야기는 성경의 역사성이라는 주제를 염두에 두고 시작해 볼까 합니다. 왜냐하면 이 이야기에서 가장 논란이 되는 부분이 바로 역사성이라는 범주이기 때문입니다. 오늘날 많은 사람들이 역사는 해석의 범주에 있다는 것을 당연하게 생각합니다. 역사라는 개념 자체가 이미 객관적인 사실을 넘어서는 해석된 이야기라는 것이지요. 하지만 여기서는 다시 개념을 좁혀보려 합니다. 성경의 역사성을 단순하게 그 기록들이 정말 사실인지 아닌지를 가리키는 말로 생각하자는 것입니다.

많은 사람들이 아직도 성경이 역사를 그대로 기록해 놓았다고 생각합니다. 성경에 기록되어 있는 이야기들을 모두 사실로 받아들이지 않으면 신앙이 없다고 생각하기도 합니다. 앞서 이야기했던 문자주의자들은 거의 대부분 이런 방식입니다. 문자 하나하나가 모두 사실이고 역사성을 가졌기에 그것들 모두가 진실이고 하나님의 말씀이라고 이해합니다. 은근한 문자주의자들 역시 성경의 이야기를 '사실'의 영역에서 분리하는 것을 많이 주저합니다. 메시지가 중요하다고 하지만 만약 본문이 어떤 비유나 우화, 신화나 소설 같은 문학적인 텍스트라고 말하면 거부감을 가집니다. 마치 성경이 역사성을 탈피하는 순간, 신앙이 성립할 수 없다는 것처럼 말입니다. 정말 그런 방식으로 밖에 이해할 수밖에 없는 걸까요? 앞서 이야기했던 것처럼 성경을 받아들이는 방식을 바꾼다면, 우리는 성경을 조금은 다른 방식으로 읽고 해석할 수 있을 것입니다.

사실 기독교의 매우 이른 시기부터 성경을 읽는 방법들은 생각보다 다양했습니다. 당연히 성경의 역사성에 의문을 가졌던 사람들도 이때부터 있었습니다. 흔히 오해하는 것처럼 19세기 이후에 갑자기 성경의 권위를 끌어내리려는 사람들의 주장으로 등장했던 것이 아닙니다. 언제나 그랬듯 많은 사람들이 주로 쓰던 방법이 주류를 형성하고, 이른바 정통이라는 이름으로 그와 다른 여러 생각을 배제했을 뿐입니다. 그래서 우리는 스스로가 정통이라고 생각하는 사람들이 오랜 시간 이야기해 왔던 성경에 대한 인식이 당연한 것이라고 생각했던 것입니다. 그 정통이라는 것도 시대를 지나며 계속 변해 왔지만 모르는 척하며 마치 처음부터 한결같았던 것이라 착각해 왔을지도 모릅니다.

교부시대로부터 종교개혁까지

우리가 교부시대라고 부르는 상당히 긴 시간 동안, 성경 읽기는 주로 '알레고리'라는 방법을 중심으로 형성되었습니다. 말 그대로 알레고리가 정통이었습니다. 간단하게 말하면 알레고리는 은유로 의미를 전달하는 방식입니다. 성경에 나오는 이야기들은 문자적으로 나타나는 의미뿐 아니라 그 속에 숨겨진 다른 의미도 가지고 있다는 생각입니다. 그 숨겨진 의미를 찾아내며 읽는 방식을 알레고리라고 합니다. 오리겐이나 아우구스티누스, 대 그레고리우스 교황 등 많은 사람들이 이 방법으로 성경을 해석했습니다. 사실 알레고리는 오늘날 우리가 보기에는 조금 난해합니다. '문자 이면에 담겨 있는 숨겨진 메시지' 자체가 벌써 신비스러운 무언가를 통해서만 볼 수 있는 것처럼 느껴지기 때문이지요. 이것을 영해, 이른바 영적인 해석이라고도 부르지만 '귀에 걸면 귀걸이, 코에 걸면 코걸이'인 것도 사실입니다. 하나의 예만 들어보겠습니다. 아우구스티누스의 '선한 사마리아인의 이야기'(눅 10:25-37)에 대한 해석입니다. 아우구스티누스는 그 이야기에서 강도 만난 자를 아담으로, 예루살렘은 하늘의 도성으로, 여리고는 도덕성의 상징으로, 강도들은 마귀로 이해했습니다. 그 외에 여행자의 상처를 싸매주는 행동은 죄의 회개를 의미하고 기름은 선한 희망의 위안이며, 여관 주인은 사도 바울이고 두 데나리온은 사랑의 두 형태, 즉 이생과 내생의 약속이라고 설명했습니다. 자, 매우 단순하게 소개했지만 어떻습니까? 여러분은 이런 해석에 공감할 수 있겠습니까? 저는 아니라고 생각합니다. 해석의 근거도, 출처도 없이 그저 '이런저런 상징들이라고 생각한다'라고 이야기를 짜 맞춘 것처럼 느껴질 뿐입니다.

이 방법은 상당히 오랜 시간 동안 주류를 형성했습니다. 소피아 학파가 신화를 읽기 위해 알레고리를 시작했다고도 하는데요. 아마 당시의 문학적 상식 속에서는 그리고 종교적인 맥락에서는 이런 부분들을 부담 없이 받아들였는지도 모르겠습니다. 어쨌든 알레고리는 적어도 종교개혁 시대 바로

전까지는 성경 해석의 주류를 형성해 왔던 것 같습니다. 그러다 종교개혁 이후에 상황이 조금 달라졌는데요, 알레고리처럼 문자 이면에 존재한다고 믿었던 무언가를 찾기보다는 텍스트를 있는 그대로 받아들이기 시작했다고 해야 할까요? 어쩌면 오랜 시간 동안 알레고리라는 방식에 염증을 느꼈던 사람들이 이제는 문자 그 자체의 의미에 더 집중하려고 했던 것은 아닐까 싶습니다. 루터를 생각해 보면 그도 어느 시점에 이르러서는 성경의 알레고리적 또는 이른바 영적 의미와 다층적 의미를 다루는 방식의 주해를 전부 부정했다고 합니다. 다시 말해 텍스트 자체에 더 집중했다고 볼 수 있습니다. 그리고 지금 이런 종교개혁의 전통을 존중하고 받아들이는 곳들이 여전히 문자주의적인 방식의 성경 읽기를 고수하고 있는 것이 아닌가 생각합니다.

19세기 : 역사비평학

그러다가 19세기에 접어들어 성경을 읽는 방법에 커다란 변화가 생겨나는데, 이른바 역사 비평학(historical criticism)이 주목을 받게 된 것입니다. 이 방법은 19세기에 등장한 계몽주의의 영향을 받아 당시 역사를 해석하기 시작한 방법론을 성경에도 적용한 것으로, 계몽주의의 인식론적인 방법론을 성경 본문에 적용하려는 방법입니다. 단순하게 말하면 텍스트를 읽으며 객관적이고 과학적인 해석 결과를 추구하는 방법론이라고 할 수 있지요. 예를 하나 들어볼까요? 우리나라의 단군 신화를 생각해 봅시다. '곰이 마늘이랑 쑥을 먹어서 사람이 되었다'라는 신화를 우리는 문자 그대로 받아들이지 않습니다. '토테미즘'의 맥락에서 각각 곰과 호랑이를 숭배하던 부족 간에 정치적인 갈등이 있었고, 결국 곰을 숭배하던 부족이 승리했다는 이야기를 우리가 알고 있는 신화라는 내러티브의 형태로 만들어냈다고 읽습니다. 이런 신화들을 사실이라고 읽을 수는 없다는 겁니다. 하지만 그 안에 사실이 담겨 있지 않다고 말할 수도 없습니다. 이는 어떤 모종의 사실을 특정한 가치관과 해석을 토대로 문학적인 방식을 통해, 즉 신화의 형태로 표현된 텍스트라고 할 수 있다는 것입니다.

이같이 역사 비평적인 방법들은 여러 차원에서 발전되어 왔습니다. 우리가 가지고 있는 텍스트의 최종적인 형태 혹은 본문 그 자체의 진위 여부를 연구하기도 하고, 텍스트를 구성하고 있는 문학이라는 형태를 통해 이를 비교하며 연구하기도 하고, 장르를 비교해 가며 연구하기도 합니다. 교회의 전통 속에서 텍스트가 어떻게 작용했는지에 대해서도 연구합니다. 그러면서 점점 텍스트가 담고 있는 이야기와 역사적인 배경뿐만 아니라, 텍스트가 기록되고 형성되던 시기와 역사적 배경에 대해서도 탐구하기 시작했습니다. 이러한 방법들을 통해 텍스트가 단일하고 통일성 있는 작품이 아니라, 여러 전승들이 편집되어 있다는 결과를 설명해 내기도 합니다. 이렇게 객관적이고 이른바 과학적인 결과를 추구하는 역사 비평학의 방법론은 기존의 성경 읽기 방법과 비교해서 매우 파격적인 결과를 가져오게 됩니다. 예를 들면 성경에 기록된 기적들은 현대에서는 불가능한 일이기 때문에 객관적인 사실이라고 할 수 없고 해석된 이야기이거나, 심지어는 모두 가공된 이야기라고 생각하기 시작한 것입니다. 극단적인 경우에는 성경이 '전혀' 역사에 대해 담고 있지 않다고 결론을 내리는 사람들도 생겼습니다. 신약 시대라고 해도 우리나라에서는 이차돈을 죽였더니 목이 하늘을 날아다니고, 박혁거세가 알에서 태어나던 시대니까요. 그러니까 구약 시대는 더욱더 할 말이 없었을 것입니다.

역사성과 신앙

이런 생각들은 성경에 담긴 이야기들이 사실이라고만 생각해 왔던 이전의 이해 방식에 매우 큰 충격을 가져왔습니다. 특히나 텍스트가 '편집'되었다고 설명하는 것은 매우 큰 파장을 가져왔습니다. 이전까지의 성경 읽기를 지향하던 사람들에게 이 얘기는 마치 성경이 사실이 아니라고 말하는 것처럼 받아들여졌습니다. 그래서 일부 기독교인들은 이러한 방법론들이 성경이 가진 하나님의 말씀으로서의 권위를 무시한다고 생각했고, '무조건' 잘못된 것이라고 폄하했습니다. 누군가에게는 사탄의 학문이라고도 불렸습니다. 하지만 학문으로서 신학을 접한다면 이것은 매우 기초적인 이야기입니다. 우리나라 대부분의 신학교에서도 텍스트를 이해하기 위해 이 부분에 대한 공부는 기본적으로 진행합니다. 적어도 신'학'이라는 범주를 이야기하기 위해서는 너무도 기본적인 이야기들이지만, 교회에서는 매우 불경한 것으로 여깁니다. 그래서 우리에게는 좀처럼 익숙지 않습니다. 이것들을 혹여나 책들을 통해 접한 신앙인들은 그때부터 매우 혼란스러운 시간을 보내게 됩니다.

역사 비평학을 무조건 터부시하는 것은 부적절한 태도입니다. 역사 비평학이 가져온 성과 자체를 무시한 것이기도 하고요. 우리는 역사 비평학을 통해 성경 텍스트 자체와 그 배경에 대해 더욱 풍성하게 알 수 있게 되었습니다. 또한 각각의 시대에 다양한 사회적, 경제적, 정치적 요인들이 텍스트를 형성하는 데 어떤 영향을 주었는지 보다 깊이 살펴볼 수 있게 되었습니다. 지금도 역사 비평학은 여러 갈래로 세분화되어 연구되고 있습니다. 하지만 무작정 덮어놓고 터부시하는 사람들이 많아서 안타깝습니다. 그들을 신앙이 없는 사람들로 여기거나 신학에 함몰되어 신앙을 잃어버린 사람처럼 보는 모습들 역시 그렇습니다. 역사 비평학이 무조건 정답이라는 건 아닙니다. 그저 근거 없이 맹목적으로 비난하는 것에 대해 안타까움을 표할 뿐입니다. 극단적인 경우에는 신앙과 신학의 영역을 확실히 분리하고 있는 사람들도 있지만 어디까지나 소수의 경우입니다. 그리고 저는 그런 사람들의 생각들조차 경우에 따라선 신앙에 있어 유용한 고민의 한 부분이 될 수도 있다고 생각합니다.

새롭게 이해해 보려는 시도

역사 비평학도 이젠 거의 150년을 향해가면서 이것이 가지고 있던 가정과 성과의 문제점에 주목하는 사람들이 늘어났습니다. 그중에 성경의 '역사성' 문제를 어떻게 뛰어넘을 수 있을지에 대해 고민하는 사람들이 있습니다. 역사 비평으로 성경의 역사성이 상실되어도 어떻게 성경을 통해 신앙을 형성하고 유지할 수 있는지에 대해 말입니다. 역사는 그 자체로 어떤 신학적인 의미를 갖지 않습니다. 우리가 이를 신학적으로 해석할 때 비로소 신학적인 의미를 가지게 되지요. 결국 우리가 신학적인 목적을 가지고 텍스트를 대할 때 거기에 담긴 이야기들은 우리에게 해석을 통해 신앙의 이야기를 들려줍니다. 텍스트에 담긴 역사의 사실 여부는 우리의 신앙 또는 신학을 시작하게 하거나 구성해 주는 중요한 부분이 아닙니다. 우리의 신앙, 신학은 성경에 담긴 이야기들의 사실 여부에 있지 않다는 것입니다. 이런 맥락에서 **성경은 사실을 기록하기 위한 책이 아닌, 하나님을 향한 일종의 신학적 증언 내지는 신앙고백이 담긴 책**이라는 점에 주목하는 사람들이 늘어나기 시작했습니다. 앞서 말씀드렸던 방식으로 말이지요. 역사 비평학이 가져온, 텍스트에서 사실을 분리해 낸 결과를 받아들이면서도 그것을 어떻게 딛고 넘어서서 신앙에 대해 이야기할 수 있을지를 고민한다고 해야 할까요?

이렇게 생각하는 사람들은 성경을 통해 역사적 사실을 확인하는 것을 중요한 목적으로 생각하지 않습니다. 그보다는 오랜 시간에 걸쳐 여러 신앙 공동체들이 하나님을 어떻게 인식해 왔고, 또 믿음의 대상으로 어떻게 신앙을 고백해 왔는지를 해석하는 것에 더 집중합니다. 그 신앙의 고백들, 신학적 증언들 자체, 기록된 최종 텍스트 자체가 우리에게 의미가 있다고 생각하는 것이지요. 역사의 진위 여부와 상관없이 신앙 공동체의 신학적 증언, 즉 그들의 신앙고백을 통해 우리는 신학적, 종교적 의미와 신앙을 이야기할 수 있다는 것입니다. 그렇게 해석된 텍스트의 메시지가 지금 우리의 삶 속에서도 신앙이라는 이름으로 회자될 수 있다는 것입니다. 이런 방식으로 성경을 받아들이고 '읽는다면', 역사 비평학을 무조건 부정하는 것도, 아니면 극단적으로 추종하는 것도 바람직

하지 않음을 알게 됩니다. 역사 비평학이 가져온 학문적인, 그리고 신앙의 이해에 대한 성과들을 무시하지 않고 이들을 적절히 고려하되, 텍스트에 담긴 이야기들의 역사성에 대한 진위 여부를 떠나, 신앙적인 목적을 염두에 두고 읽는다는 것입니다. 성경의 이야기가 '사실이냐 혹은 아니냐' 하는 문제는 생각보다 그리 중요하지 않습니다. 신앙을 이해하는 우리의 고민은 오히려 그 너머의 어느 곳에 있다는 것입니다.

작은 제안

우리는 지금까지 '성경 읽기'에 대한 몇 가지 생각들을 살펴보았습니다. 성경을 어떻게 받아들여야 하는지와 더불어 성경을 읽는 방식에 대해서도 생각해 봤습니다. 여기에 오해가 없었으면 합니다. 지금 저는 '성경은 하나님의 말씀이 아니다'라고 말하고 있는 것이 아닙니다. '성경은 무조건 하나님의 말씀이 될 수 없어! 그냥 오랫동안 사람들이 하나님을 어떻게 믿고 이해해 온 건지를 적어 놓은 거지, 어떻게 그게 하나님의 말씀이야?'라고 말하고 싶은 것도 아닙니다. 그저 다른 차원에서 접근해 보자는 것입니다. 신앙에 대한 이해, 텍스트에 대한 우리의 이해를 그것에 신적 권위를 부여하는 방식이 아닌, 다른 층위에서 시작해 보자는 것입니다. 텍스트에 함몰되어 현실과 삶의 괴리 속에서 의미 없이, 폭력적으로 '성경은 무조건 하나님의 말씀이다!'라고 외치는 것만이 신앙이라고 생각하지 말자는 것입니다. 그보다는 성경의 메시지들이 '오늘의 사회 속에서 다시금 하나님의 말씀으로 드러날 수 있을까?' 그리고 '어떻게 오늘날의 신앙 공동체들에게 하나님의 말씀으로 신앙고백될 수 있을까?'라는 차원에서 질문을 던져보자는 것입니다.

우리가 신앙을 이야기할 때 성경의 메시지들이 어떤 의미를 가질 수 있고, 또 우리 삶에 어떤 모습으로 실현되어야 할지에 대해서 좀 더 관심을 가져보는 것은 어떨까요? 단순하게 '성경이 기록하고 있는 대로 행동하고, 금지하고 있는 것은 하지 말자'라는 방식 말고요. 사실 저도 그렇게 신앙을 이해하던 시절로 돌아가고 싶습니다. 어떤 면에서는 매우 편하거든요. 성경에 적혀 있는 그대로를 하나님의 말씀으로 받아들이고, 아무런 고민 없이 순종하는 것에만 집중하는 것이 더 편한 것 같습니다. 세상에 조금은 비상식적이고 일방적인 모습으로 비치더라도, 신앙의 순수성을 열심히 지킴으로 받게 되는 고난을 마치 훈장처럼 생각하면서 말이지요. 그렇지만 이제는 그럴 수 없는 것 같아요. 마치 영화 〈매트릭스(1999)〉의 주인공 '네오'가 '모피어스'가 건넨 빨간 약을 삼킨 이후에 세상의 실체를 보게 된 것처럼, 이제는 그럴 수 없는 것 같습니다. 이제는 신앙엔 많은 고민이 필요하다는 사실을 알게 됐습니다. 갈수록 더 많이 고민하고 씨름하며 살아가게 되겠지요.

성경이 우리의 고민과 해석의 자리를 지나고, 오랫동안 신앙 공동체들이 해석해 온 이해와 가치들이 **삶의 모습으로** 우리의 일상에서 드러날 때 성경은 우리에게 신앙 안에서 하나님의 말씀으로서 의미를 가지고, 또 우리의 신앙으로 고백될 것입니다. 그리스도인들은 이를 통해 자신의 신앙을 드러낼 것이고요. 신앙생활 한다는 것은 그런 삶을 꿈꾸고 지향하며 살아가는 것, 끊임없이 자신의 신앙과 삶을 비추어보는 과정일 것입니다. 앞으로 우리의 성경 읽기가 신앙의 매우 소중하고도 기본적인 이야기들을 우리에게 건네줄 수 있으리라 생각합니다. '성경은 무조건 하나님의 말씀이다'라고 의미 없이 외치기보다, 성경 읽기에 대해 계속해서 고민할 수 있기를 기대해 봅니다.

개인적인 이야기

기독교 신앙을 처음 가진 이후로 성경을 어떻게 받아들여야 하는지 계속해서 고민해 왔습니다. 하나님의 말씀이라고 굳게 믿으며 그것들을 이해하기 위해, 있는 그대로 지키기 위해 힘쓰던 시절도 있었습니다. 그때는 스스로를 특별하게 생각했습니다. 하나님의 말씀을 알지 못하는 사람들은 미련하다고, 진리를 알지 못하고 세상의 여러 이야기와 가치관에 속고 있다고 생각했습니다. 어쩌면 그 시점에서 이미 하나님의 말씀은 세상과 단절된 이야기라고 느끼고 있었는지도 모르겠네요. 그러다가 문자적인 차원을 넘어서 성경의 메시지를 해석해야 한다는 이야기들, 그리고 그러한 설교를 들었을 때는 어렴풋이 느껴왔던 문자적인 해석의 비상식적인 부분들이 조금이나마 해소된다고 느꼈습니다. 마치 새로운 신앙이 열린 것만 같았지요. 교회와 그리스도인들이 사회 속에서 어그러진 모습으로 드러나는 문제의 원인이 성경을 제대로 읽지 않았기 때문일지도 모른다고 생각하기 시작했습니다. 그러나 그다지 큰 차이가 없다는 것을 느끼기에는 그리 오랜 시간이 걸리지 않았습니다. 결국 시대 불변의 진리라는 가치는 제가 살아가는 현실 속에서 소망과 꿈이 아니라, 비상식적이다 못해 차별과 혐오와 같은 폭력적인 형태로 나타나고 있다는 것을 보게 되었거든요. 또 교회들은 자신들이 말하는 진리와는 다르게 매우 이율배반적으로 행동하고 있는 것을 보게 되었고요. 그것이 많이들 이야기하는 실천의 문제라고 생각해 보기도 했습니다. 기독교의 메시지를 이해하는 교회의 방식에는 문제가 없지만, 많은 사람이 여전히 신앙인답게 살지 못하기 때문이라고 말입니다. 하지만 그렇지 않더군요. 그보다 근본적으로 교회가, 기독교가 가진 신앙에 대한 이해 자체가 어그러져 있다는 생각이 들기 시작했습니다.

그렇게 신앙이 폭력으로 드러나고 있다고 생각할 무렵 다양한 방법론들을 접하게 되었습니다. 그 도전은 정말 쉽지 않았습니다. 신앙이 가치 없어 보이고, 심지어는 제가 거짓말에 속아온 것처럼 느껴지기도 했었지요. 역사비평은 꽤나 충격적이었습니다. 겨우 실낱같은 신앙을 잡으며 고민하는 날들이 길어지는 와중에 또 다른 차원의 해석학들을 접하면서 개인적으로 많은 도움을 받았습니다. 복잡하고 어려운 이야기들이지만, 그것들을 조금씩 접하면서 신앙의 의미를 찾아가는 방법을 다시 발견하게 되었던 것 같습니다. 물론 아직도 뭐가 뭔지 모르지만요. 정답을 가지지 못한 모습이 오히려 건강하다는 것을 깨닫게 되었습니다. 하나님의 말씀, 진리 같은 표현들이 만들어낸 울타리 너머에서 더 넓고 깊은, 더 많은 이들을 위한 성경의 가치를 발견할 수도 있다고 생각합니다. 진리를 지킨다(따른다)는 모호한 태도보다는, 고민의 시작점을 바꾸어 '성경'을 '읽는다'라는 것이 어떤 의미를 가지는가에 대해 고민해 보는 것은 어떨까요? 많은 신앙 공동체들이 하나님에 대해 고민해 온 신앙의 흔적들로서, 성경은 여전히 같은 목적을 가지고 고민하는 우리에게 많은 이야기를 건네고 있습니다. 성경은 우리에게 신앙한다는 것이 무엇인지에 대해, 하나님에 대해 고민하게 해주고 있다는 것을 기억하면 좋겠습니다. 다시금 저 자신에게 건네는 말임과 동시에 이런 신앙의 여정에 함께해 주시는 분들이 좀 더 많아졌으면 하는 바람입니다.

2장

인간이라는 존재
: 하나님의 형상

◆ 신앙에 대한 또 다른 해석과 마주하다

성경에 나오는 다양한 이야기는 우리의 신앙을 이해하는 데 많은 의미를 제공합니다. 성경을 의미 있게 생각하는 기독교인이라면 성경을 통해 자신의 신앙을 형성해 나가기 때문입니다. 지금부터는 성경 속 여러 주제 중에서, 여전히 우리 신앙에 의미가 될 수 있는 몇 가지 이야기를 살펴보려 합니다. 이는 오랜 시간 동안 많은 공동체들이 신앙에 대해 고민할 때마다 깊이 생각해 온 주제들이기도 합니다. 어쩌면 단편적으로만 이해하고 있었을 이야기들을 다시 살펴보고, 이를 마중물 삼아 비평적 성찰까지 향하는 계기가 되었으면 합니다.

인간이라는 존재에 대한 고민

인간에게 있어 종교와 신앙은 어떤 의미를 가질까요? 인간이 이룰 수 없는 것을 기대하고 의지하도록 해주는 것일 수 있습니다. 혹은 미래에 대한 불안을 해소하고 신의 확실한 약속과 복을 기대하며 받아들이는 이야기로 소비되기도 합니다. 무엇보다 삶을 살아가면서 이해하고 해석하기 어려운 순간들을 마주할 때 인간은 자연스럽게 종교와 신앙을 가까이에서 떠올립니다. 저는 이런 모습들이 모두 신앙의 원초적인, 가장 근저에 내재되어 있을 거라 생각합니다. 때문에 무턱대고 이러한 기초적인 신앙의 형태를 폄하할 수는 없습니다. 다만 누군가가 기독교 신앙을 오로지 그 방식으로만 이해하고 소비하려 한다면, 온전히 존중하기는 어려울 것 같습니다.

인간은 살아가면서 끊임없이 여러 가지 문제들을 고민합니다. 그 고민의 층위는 매우 다양하겠지만, 철학적인 범주에서 한번 생각해 본다면(굳이 철학적으로 접근하지 않더라도) 그중 하나는 바로 '인간이란 어떤 존재인가?'라는 질문일 것입니다. 한 개인의 삶을 넘어, 인간 존재의 의미에 대한 생각은 오랫동안 철학자들은 물론 많은 이들의 고민거리였습니다. 성경에 나타난 신앙 공동체들의 여러 흔적들 역시 이 고민과 맞닿아 있지 않았을까요? 그중에서도 저는 특별히 창세기 기자가 표현했던 '**하나님의 형상**'이라는 재미있는 표현을 중심으로 이야기해 보려 합니다.

하나님의 형상에 대한 오랜 이해방식

창세기 1장에는 창조에 대한 신앙고백이 기록되어 있습니다. 문자적으로 성경을 읽는 사람들은 그 이야기들이 모두 사실로서의 역사라고 말합니다. 그러나 창세기 1장이 실제로 세상이 어떻게 창조되었는지를 알려주는 이야기라고 읽기는 어렵습니다. 창세기는 아마도 우리가 제2성전기라고 부르는 시기에 갈무리되기 시작했을 것입니다. 고통 가득했던 현실 가운데 그들은 자신들의 회복과 더불어 세상이 나아가야 할 올바른 방향을 꿈꿔왔고, 그것을 신앙의 맥락에서 '하나님의 창조'라는 방식으로 표현했을 테지요. 다시 말해 그들이 표현한 세상의 시작은 그들이 꿈꾸던 완전한 세상과 맞닿아 있다고 할 수 있습니다. 그들이 이상향으로 꿈꾸던, 하지만 지금은 잃어버린 그 세상에 대한 기대가 투영된 것입니다. 이러한 신앙고백을 문학의 형태로 표현한 것이 바로 창조 이야기입니다. 따라서 우리는 창세기를 통해 그들이 신앙 안에서 어떤 세상을 꿈꾸었는지, 그리고 인간을 어떤 존재라고 여겼는지에 대해서도 생각해 볼 수 있을 것입니다.

창세기 기자는 인간의 창조를 이야기하면서 '**하나님의 형상**'이라는 매우 흥미로운 표현을 사용합니다. 인간이라는 존재를 표현하기 위해 당시에 쓰였던 말을 사용한 것이지요. 이 표현은 오랜 시간 동안 많은 이들에게 관심을 받아왔고, 교회는 이에 대한 생각들을 정리해 왔습니다. 그 과정에서 이 개념을 '신적 속성인 의와 진리와 거룩, 인간이 가진 인격적 속성으로의 이성과 감성, 자유의지와 도덕을 가진 존재'라는 의미로 이해하는 사람들이 많아졌습니다. 인간이 지, 정, 의를 가진 인격적인 존재로 창조되었음을 '하나님의 형상'이라는 말로 표현하고 있다는 것입니다. 그래서 다른 피조물들이 말씀으로 창조되었다고 표현한 반면, 유일하게 하나님의 형상으로 창조되었다고 표현된 인간은 그만큼 다르다고 생각했습니다. 인간만이 가진 특성이 무엇일까를 고민하다가 소위 인격적인 속성이라고 하는, 동물과 구별되는 그것에 주목한 것 같습니다.

이런 이해들은 자연스레 인간만이 유일하게 하나님과 관계하고 '교제'할 수 있는 존재라는 개념으로 이어집니다. 하나님께서 애초에 인간을 특별하게 창조하셨다는 생각이지요. 흥미로운 점은, '교제'가 어느 순간 은근슬쩍 '예배'와 혼용되기 시작했다는 것입니다(여러 추측들이 있지만, 저는 성막부터 성전까지를 통일성 있게 읽으려는 시도 때문에 이런 이해가 생겨났다고 생각합니다). 이러한 방식의 읽기에선 광야 시대의 회막 내지는 성막을 대부분 하나님의 임재와 관련지어 생각합니다. 특히 하나님께서 '마치 사람이 자기 친구에게 말하듯이' 장막에 임하여 모세와 만나셨다는 이야기(출 33:11)를 보고, 장막을 하나님께서 인간과 친밀하게 교제하시는 공간으로만 생각하는 것 같습니다. 이어지는 솔로몬의 성전, 제2성전도, 예수님이 스스로를 성전과 동일시하셨다는(요 2:19-21) 말씀도 여전히 이 맥락에서 이해합니다. '예수님을 통해 우리는 하나님과 다시 교제할 수 있게 되었다!'라는 식으로 말이지요. 바울의 말도 마찬가지입니다. '우리 몸이 성전'이라는(고전 3:16) 표현 역시 '더 이상 어떤 것을 통하지 않고, 우리 안에 계신 예수님을 통해 직접 하나님과 교제할 수 있다'라고 읽는 경우가 많습니다. 바울은 그 이야기를 윤리적인 교훈을 주기 위해 사용하고 있는데도 말이지요. 결론적으로 성전이라는 키워드는 우리로 하여금 자연스럽게 예배와 하나님과의 교제를 동일시하게 만든 것 같습니다. 거기에 오늘날 우리들의 세계관이 반영되어 공적인 예배에까지 이어지는 것이 아닌가 싶습니다.

이렇듯 인간의 존재론적 의미는 주로 하나님과 교제하고 예배하기 위한 것으로 이해되어 왔습니다. 하지만 정말 그렇게만 이해해야 할까요? 창세기 기자와 당시의 신앙 공동체도

'하나님의 형상'을 그런 방식으로 이해했을까요? 이러한 해석은 서구 철학의 영향을 많이 받은 듯합니다. 그러나 성경의 배경은 서양이 아닌 고대 근동입니다. 그렇다면 서구적 관점이 아닌 고대 근동의 시각에서 '하나님의 형상'의 의미를 고민하는 것이 더 적절할 것입니다.

새롭게 이해해 보려는 시도

신학적 해석에 앞서 단어의 의미를 먼저 파악해야 할 것 같습니다. 이 '형상'은 히브리어로 '쩨렘'인데요, 종교적인 맥락에서 어떤 제의적인 의미의 '신상'을 가리키는 말입니다. 고대 신전에 장식처럼 서 있는 크고 작은 신상들을 떠올리면 됩니다. 흥미롭게도 우리말로 번역된 성경에서는 이를 여러 단어로 번역하고 있습니다. 어떤 곳에서는 '형상'으로, 어떤 곳에서는 '우상'(민 33:52)으로 번역하기도 합니다. 다시 말해 번역에 이미 해석이 들어간 것입니다. 우리는 이미 '우상'을 부정적으로 인식하기에 '형상'이라는 말로 번역한 것이지요. 이런 맥락에서 '하나님의 형상'을 보다 온전히 이해하려면 '형상', 즉 '쩨렘'이라는 단어 자체의 의미와 성경 기자들의 세계관, 그 표현이 사용되었던 당시의 맥락을 살피는 등 보다 다양한 접근이 필요합니다.

고대 근동에는 신전마다 그 신에게 바쳐지는 일종의 제

의용 신상들이 있었습니다. 고대인들은 신전에 있는 그 신의 형상들을 통해 이 세상에 신이 나타난다고 생각했던 모양입니다. 그를 통해, 인간은 이 세상에서 신의 임재를 경험할 수 있다고 생각했던 것이지요. 한편, 고대인들은 신전에 있는 신상 말고 살아 움직이는 신의 형상도 있다고 생각했는데요. 바로 왕입니다. 일반적으로 왕 하면 정치적인 지도자로 생각하기 쉽지만, 고대 사회에서 그들은 종교적인 지도자이기도 했습니다. 고대 근동의 여러 문명에서 '역사의 신화화' 혹은 '신화의 역사화'를 어렵지 않게 찾아볼 수 있는데요. 그것들을 보면 권력자들, 특히 왕이라는 존재는 종교적으로도 중요한 상징이었습니다. 그래서 사람들은 이를 살아 있는 신의 형상이자 대리자로 여겼습니다. 결국 왕은 신상과 같은 의미에서 신의 형상이기에, 고대인들은 그가 이 세상에서 신의 임재를 드러내고 그의 뜻을 실현하는 존재라고 생각했던 것이지요. '신의 형상'이라는 말이 이런 의미였다면, '하나님의 형상'의 의미도 이런 맥락에서 이해해야 하지 않을까요? 그렇다면 이 표현은 하나님의 임재와 뜻을 세상에 드러내는 '하나님의 쩨렘'이라고 이해해야 할 것 같습니다. 마치 왕이자 제사장과 같은 존재로 말이지요. 하나님과 세상을 이어주고, 하나님의 공식적인 대리자로서 그분의 뜻을 세상에 실현하는 존재, 창세기 기자가 말한 '하나님의 형상'은 바로 그런 존재인 것입니다.

결국 창세기 기자가 생각했던 인간의 존재론적인 의미, '인간은 어떤 존재인가? 그리고 세상 속에서 가장 인간답게 사는 것이 무엇인가?'라는 질문에 대한 대답이 이런 식으로 표현됐다는 것입니다. **'하나님의 뜻'을 세상에서 현실로 드러나게 하는 존재, 이를 통해 하나님의 임재를 온 땅에 가득히 드러내는 하나님의 대리자**, 그것이 바로 하나님의 형상, 인간의 존재론적인 의미라는 것입니다.

하나님의 형상에 대한 오랜 이해방식

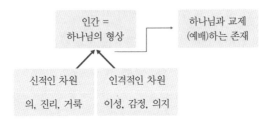

새롭게 이해해 보려는 시도

하나님의 대리자로서 인간의 삶

하나님의 대리자로서 하나님의 뜻을 세상에 드러낸다는 것은 어떤 의미일까요? 단순하게 교회의 공적인 모임에 잘 참여하고 기독교적인 문화의 범주 내에서 충실히 살아가는 삶을 의미하는 걸까요? 창세기 기자는 인간에 대한 이야기에 이어 인간이 살아가는 세상에 대해서도 문학적으로 표현하고 있는데, 우리가 익히 잘 아는 '동산 이야기'(창 2)입니다. 어쩌면 창세기 기자가 생각하는, 인간이 인간답게 존재하는 이상향의 이야기라고 볼 수도 있습니다. 이 이야기를 통해 이상적인 세상 안에서 하나님의 대리자로서 인간이 살아가는 방식이 어떠해야 하는지 살펴보고자 합니다.

동산 이야기

창세기 기자는 창조 이야기를 통해(창 1) 하나님께서 혼란을 바로잡아 세상의 질서를 세우시고, 여러 생명체를 번성케 하심으로 공허하던 세상을 풍성히 채우셨다고 이야기합니다. 아마도 그것이 그 속에 담고자 했던 신앙고백이었을 것입니다. 그리고 그 이야기의 마지막은 '하나님의 형상'이라는 말과 함께 '인간'의 창조로 묘사됩니다. 여기서 드러나는 인간의 역할은 흥미롭게도 하나님께서 하신 일을 이어받아 수행

하는 것이었습니다.

주 하나님이 들의 모든 짐승과 공중의 모든 새를 흙으로 빚어서
만드시고, 그 사람에게로 이끌고 오셔서, 그 사람이 그것들을
무엇이라고 하는지를 보셨다. 그 사람이 살아 있는 동물 하나하
나를 이르는 것이 그대로 동물들의 이름이 되었다(창 2:19)

주 하나님이 사람을 데려다가 에덴 동산에 두시고, 그 곳을 맡
아서 돌보게 하셨다(창 2:15)

이름을 지어준 이야기는 일종의 질서를 세우는 모티프로
읽을 수 있습니다. 이름은 정체성과 관련되어 있으니까요. 인
간은 하나님께서 하셨던 일들을 이어받아 동물들의 이름을
정해 주며, 세상을 다스리고 질서를 세우는 일을 계속해 나
갑니다. 동산이라는 공간도 단순히 자연적인 배경이 아닙니
다. 동산은 가만히 내버려 둬도 알아서 잘 유지되는 곳이라
기보다는, 관리와 유지에 인간이 적극적으로 참여해야 하는
곳으로 묘사되고 있습니다. 그곳은 경작하고(창 2:15, 개역개
정) 맡아서 돌보며(창 2:15, 새번역) 계속해서 생명이 가득하도
록 만들어야 할 공간입니다. 인간은 자신에게 주어진 동산의
질서를 유지하고 그곳을 풍성하게 채우는 일들을 계속 해나

가는 것입니다.

사회와 세상을 만들어 가는 이야기

혹시나 이런 이야기들을 들은 후 '농자천하지대본'이라는 말을 떠올리며 '역시 농업이 인간의 가장 근본적인 존재 의미구나!'라고 생각하시는 분은 없겠지요. 동산을 관리하는 이야기, 즉 농업으로 묘사된 내용들은 고대에서 인간 사회와 문명을 표현하는 가장 기본적인 방식이었습니다. 인간이 모여 사회를 이루고 문명 집단을 만들어 간다는 개념이, 창세기에서는 문학적인 방식을 통해 동산을 경작하고 관리하는 것으로 표현된 것입니다. 이것을 오늘날 우리들의 말로 옮기면 인간의 기술, 문명, 문화 그 자체를 가리키는 것이지요. 결국 창세기 기자는 하나님의 뜻을 기준으로, 그 가치들이 내재되고 실현되는 사회를 만들어가는 것이 바로 하나님의 대리자로서 인간이 가진 존재론적 의미라고 말하는 듯합니다. 이는 교회 생활을 열심히 하고, 기독교적인 문화에 충실한 체 선한 사람이 되는 것이 하나님의 대리자로 살아가는 삶이 아님을 말해줍니다. 그보다는 **'어떤 가치를 토대로 움직이는 세상을 만들어가야 하는지'**의 문제와 더 가깝다고 볼 수 있습니다.

복잡해 보이지만 생각보다 단순한 이야기입니다. 예를 들어 우리 주변에 가난한 이웃이 있다면, 단순히 재정적인 도움을 주는 것만이 아닌 그 이웃이 조금 더 안정적인 삶을 살아갈 수 있도록 돕는 것입니다. 거기서 한발 더 나아가 불합리하게 부자와 가난한 자가 발생하는 사회 구조에 대해서도 고민하는 것입니다. 아무리 성실하게 노력해도 가난을 벗어날 수 없는 사회 구조와 문화도 바꿔 나가기 위해 고민하고 노력하는 것이지요. 창세기 기자는 이런 방식으로 인간의 존재론적인 의미와 인간이 만들어 가야 할 세상에 대해 표현하고 있습니다. 인간은 하나님의 형상으로서 사회와 문명을 늘 새롭게 만들어 가는 존재라고 말입니다.

하나님의 형상의 상실

하지만 창세기 기자는 많은 사람들이 그런 인간다움을 상실했다고 생각했던 것 같습니다. 앞서 언급했던 것처럼 창세기는 제2성전기 당시의 신앙고백에 많은 영향을 받았습니다. 특별히 바빌로니아(바벨론)에 포로로 끌려갔던 시절의 신앙 공동체는 자신들의 삶을 신앙의 눈으로 해석하는 과정에서 큰 변화를 겪었습니다. 그들은 그 힘든 시기 가운데, 폭력과 착취를 직접 경험하며 신앙을 토대로 세상과 인간을 새롭게 해석해 나갔습니다. 자신들을 향한 폭력이 세상에서 인간성의 상실을 보여주고 있다고 생각함과 동시에, 자신들 역시 **하나님의 형상을 상실했기 때문에** 지금 이러한 상황에 놓이게 되었다고 생각했습니다. 하나님의 대리자로서 살지 못하고, 자신들도 폭력 속에서 살아갔다는 것이지요. 창세기에 갈무리된 신앙고백들은 이런 맥락 위에서 형성된 것으로 생각해 볼 수 있습니다. 그렇지만 이런 방식의 이야기가 당연했던 것은 아닙니다.

원죄라는 개념으로부터

많은 사람들이 하나님의 형상을 상실했다는 이야기를 이해하기 위해 노력해 왔습니다. 그리고 이는 자연스럽게 하나님과의 교제가 단절되었다는 맥락에서 이해되었습니다. 하나님의 형상을 어떤 방식으로 이해하는가와 맞닿아 있었기 때문이지요. 창세기 3장에는 인간이 하나님께서 먹지 말라고 하신 선과 악을 알게 하는 나무의 열매를 먹은 이야기가 등장합니다. 인간은 하나님의 형상으로 창조되었지만, 죄로 인해 완전히 타락한 존재가 되어 모든 것을 상실해 버렸고 하나님과의 관계도 끊어졌다는 것입니다. 여기서 원죄라는 말이 등장합니다. 인간은 누구나 태어날 때부터 원죄의 영향 아래 놓이며, 이 죄에 책임을 지고 죽음을 향해갈 수밖에 없는 존재가 되었습니다. 간단히 말해 '모든 인간은 죄인이다'라는 것이지요. 그런데 사실 원죄는 성경에 등장하는 말이 아닙니다. 초대 교부인 터툴리아누스가 제안한 신학적 개념으로, 아우구스티누스가 체계를 잡아 정리한 이후 기독교에서 매우 중요한 자리를 차지하게 된 개념일 뿐입니다.

일반적으로 기독교는 모든 사람을 태어날 때부터 죄인으로 인식합니다. 죄인이기 때문에 필연적으로 죽음에서 헤어날 수 없는 존재라고 생각합니다. 아니, 반드시 그런 존재여야 합니다. 왜냐하면 그래야 성경에서 가장 핵심적인 이야기가 등장할 수 있거든요. 바로 예수님께서 십자가에서 그 죄를 대신 짊어지고 죽으심으로 우리는 자유롭게 되었고, 다시 하나님과 교제할 수 있게 되었다는 이야기 말입니다. 이렇게 원죄라는 개념을 통해 예수님의 십자가 이야기가 절정으로 등장하게 됩니다. 하나님의 형상을 교제의 차원에서 이해하는 사람들은 원죄를 토대로 관계의 상실이라는 맥락으로 설명하는 이런 도식에 무척 익숙합니다.

하지만 이런 도식에는 의문의 여지가 많습니다. 예를 들어 범죄로 인해 모든 인간이 완전하게 타락했다면, 구약의 사람들은 어떻게 하나님과 관계를 가질 수 있었는가에 대한 질문이 생길 수 있습니다. 또 '아담이 잘못했는데 왜 우리에게 그 책임을 묻는가?'라는 질문이 생길 수도 있지요. 예수님 이외에는 이 굴레를 끊을 수 없다는 결과론적인 신앙고백 때문에 구약 시대를 살아가는 사람들에게는 구원이 없었냐는 질문도 생깁니다. 많은 사람들이 이런 질문에 대해 다양한 형태의 대답을 해왔지만, 개인적으로 설득력 있게 다가온 것은 거의 없었습니다. 무엇보다 원죄라는 개념 자체에 대한 정의부터가 모호하다고 생각합니다.

새롭게 이해해 보려는 시도

저는 조금 다른 방식으로 생각해 보려고 합니다. '하나님의 형상'이라는 표현이 하나님과의 교제에만 함몰된 개념이 아닌, 인간이 하나님의 대리자로서 이 세상을 어떤 모습으로 만들어 가야 하고, 거기서 어떻게 살아가야 하는지를 말해 주는 것임을 염두하고 말이지요.

단순하게 생각해 봅시다. 인간이 선악과를 먹은 이후, 완전히 타락해서 더 이상 사회를 이루거나 문명을 만들 수 없게 되었을까요? 하나님의 대리자로서의 정체성이 상실되었을까요? 당연히 아닙니다. 인간은 계속해서 사회와 문명을 이루며 발전해 왔습니다. 창세기 기자는 그러한 인류의 모습을 이야기하고 있습니다. 셋으로 이어지는 아담의 족보와는 별개로, 아벨을 죽인 이후에 쫓겨난 가인의 족보를 성을 쌓고 하나의 사회, 문명을 만드는 이야기(창 4:17-22)로 묘사합니다. 그래서 우리가 하나님의 형상을 완전하게 상실했다는 이해는 정확하지 않은 것 같습니다. 죄를 지어 하나님과 교제할 수 있는 길이 없어졌다는 것은 아닙니다(창세기에는 에덴에서 쫓겨났지만 그 이후에도 하나님과 동행한 이들이 계속 등장합니다). 그보다는 우리가 하나님의 대리자로서의 **'자격'을 상실했을 뿐, '능력'은 그대로 가지고 있다**는 말이 더 적절하겠습니다. 인간은 하나님의 뜻을 나타내야 하는 존재인데, 언젠가부터 자신의 뜻을 기준으로 판단하고 행동하게 되었다는 것입니다. 선과 악을 알게 하는 나무의 이야기는 바로 그런 인간의 불순종의 모습을 묘사하고 있습니다. 동산을 관리하는 역할에서 쫓겨났음에도, 그 불순종을 시작으로 자신의 뜻을 충족시키기 위한 세상을 만들어가기 시작했다는 것입니다. 오히려 하나님이 된 것처럼 그 능력을 남용하고 있다는 것이지요. 음주운전으로 면허가 취소됐지만, 그렇다고 해서 운전할 수 있는 능력이 없어진 게 아닌 것과 같습니다. 운전할 수 있는 자격이 없음에도, 자신의 편의를 위해 마음대로 몰래 운전을 하고 다니는 셈이지요. 그렇게 자격이 없는 인간들에 의해 만들어진 세상은 결국 하나님의 뜻보다 인간 스스로를 위한 욕심으로 채워지게 되었습니다. 다른 사람을 짓밟거나 희생시키면서까지 자신의 욕심과 만족만을 채우려는 사회, 권력에 의해 누군가가 차별받고 희생되는 사회, 힘을 가진 소수의 욕심을 위한 착취가 당연시되는 사회가 만들어지게 되었다는 것이지요.

창세기 기자는 가인으로부터 시작된 문명을 위와 같이 묘사하고 있습니다. 그중에 특별히 강조해서 언급하고 있는 라멕이라는 인물은 눈여겨볼만합니다. 창세기 기자는 족보의 마지막 부분에 그를 다시 등장시키며, 하나의 이야기를 더 써 내려가기 때문입니다.

> 라멕이 자기 아내들에게 말하였다. "아다와 씰라는 내 말을 들어라. 라멕의 아내들은, 내가 말할 때에 귀를 기울여라. 나에게 상처를 입힌 남자를 내가 죽였다. 나를 상하게 한 젊은 남자를 내가 죽였다. 가인을 해친 벌이 일곱 갑절이면, 라멕을 해치는 벌은 일흔일곱 갑절이다"(창 4:23-24)

라멕은 아내들에게 자신을 다치게 한 젊은이를 죽였다고 자랑합니다. 이어 가인을 해친 벌이 일곱 갑절이라면, 자신을 해치는 벌은 일흔일곱 갑절이라고 말합니다. 라멕의 이 말은 가인이 아벨을 죽이고 쫓겨날 때 자신에게 주어진 벌이 너무 과하다는 토로 앞에, 하나님께서 그에게 주신 약속을 떠올리게 합니다. 라멕은 하나님의 약속을 조롱하는 듯 보입니다. 하나님을 업신여기고 자신의 힘과 권력을 토대로 떵떵거리는 모습입니다. 창세기 기자는 가인의 살인으로 시작된 이 족보를 따라 라멕이라는 인물을 정점으로 살인과 폭력의 문명을 묘사하고 있습니다. 하나님의 대리자로서 살아가야 할 삶을 저버리고, 인간이 인간답지 못하게, 인간성을 상실한 채 살아가게 되었다고 말입니다. 그런 문화와 세상이 이어져, 지금 자신들이 거대한 제국에 의해 폭력과 착취로 고통받고 있는 제2성전기의 어느 그 순간까지 지속되고 있다고 말입니다.

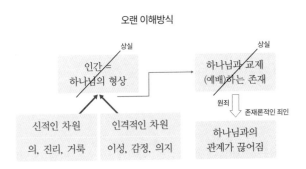

오랜 이해방식

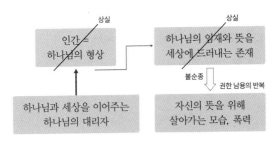

새롭게 이해해 보려는 시도

작은 제안

성경 기자들이 하나님의 뜻에 순종할 것에 대해 그토록 이야기하는 이유를 알 것도 같습니다. 어쩌면 그들은 자신들을 둘러싼 폭력을 벗어나 다시 한번 하나님과의 약속으로 돌아가, 가장 인간다운 모습으로 살아가기를 기대했는지도 모르지요. 어그러진 세상의 모습을 돌이키기 위해 하나님의 뜻대로 살아가는 모습으로 돌아가자고 말입니다. 인간이 하나님의 형상이자 하나님의 대리자라는 신앙고백은 우리의 삶과 밀접하게 맞닿아 있습니다. 왜냐하면 '인간이 어떤 존재인가?'라는 질문은 자연스럽게 '그렇다면 인간은 어떻게 살아가야 하는가?'라는 질문으로 이어질 수밖에 없기 때문입니다. 창세기 기자의 신앙고백은, 적어도 그 공동체가 세상과 신앙을 분리하고 있지 않았다는 점에서 의미 있게 다가옵니다. 그들의 이해가 오늘 우리로 하여금 신앙에 대해 다시금 생각할 수 있게 해줍니다. 인간의 존재 의미를 '신과의 친밀한 관계'의 차원뿐만 아니라 세상과 현실에 두어야 하며, 결국 신앙은 늘 삶의 맥락에서 이해되어야 한다고 말입니다.

인간은 매 순간 선택을 하며 살아갑니다. 그때마다 자신이 가지고 있는 세계관을 토대로 판단하고 결정하지요. 신앙을 가진 우리는 마주하는 수많은 결정의 순간마다 어떻게 하나님의 뜻이 드러날 수 있을지를 고민하며 살아야 하지 않을까 싶습니다. 물론 너무도 어려운 일입니다. 따라서 고민거리도 많아집니다. 그저 하나님과 편하고 좋은 관계를 유지하는 것만이 신앙이 아님을 알았으니까요. 그럼에도 우리는 개인의 영역을 넘어 사회, 문화적인 영역에까지 이 고민을 계속 가져가야 합니다. 세상의 많은 문제들, 착취당하는 사회적 약자들, 혐오와 배제의 대상이 되는 장애인들, 존재를 부정당하는 성소수자들, 여전히 인권의 사각지대에 놓여 있는 여성들, 불공정한 경쟁과 결과들, 거주권을 보장받지 못하는 사람들, 자본이라는 폭력으로 인간다운 삶을 빼앗긴 사람들에 대해 생각해야 합니다. 기후 문제, 전쟁, 세계적인 기근 같은 문제들에 대해서도 생각해야 합니다. 신앙생활은 절대로 쉬운 일이 아닙니다. 오히려 고민의 연속입니다. 오랜 역사 가운데 벌어졌던 수많은 폭력들을 돌아보며, 어떻게든 모두가 함께 인간답게 살아가는 세상에 관심을 가져보는 것은 어떨까요? 저는 그것이 신앙 안에서 가장 인간다운 삶을 살아가는 모습이라 생각합니다.

함께 나눈 이야기들이 어쩌면 우리들의 고민에 뚜렷한 방향을 제시하지 못할 수도 있습니다. 하지만 적어도 '우리의 신앙 안에서 인간, 또 나라는 존재의 의미는 무엇인가?', '우리는 어떤 방향을 바라보며 살아가야 하는가?'라는 계속되는 질문들이 우리의 고민을 격려하기를 바랍니다.

개인적인 이야기

제가 다녔던 학교에서는 졸업을 위해 언어와 컴퓨터, 사회봉사와 관련된 자격조건을 이수해야 하는 제도가 있었습니다. 언어와 관련해서는 토익 시험을 많이 응시하곤 했었는데, 문제는 그 시험이 일요일에 주로 있었다는 점입니다. 어느 날 제가 속했던 선교단체에서 졸업을 앞두고 있던 한 선배와 이야기를 나누게 되었습니다. 그 선배는 갑자기 자신은 토익 시험이 주일이기 때문에 절대로 응시하지 않겠다고 말했습니다. 당연히 토익 시험을 응시하지 않으면 졸업에 지장이 있기 때문에 저는 그의 이야기를 듣고 조금은 어리둥절했습니다. 도대체 왜 주일에 시험을 보면 안 되는지, 매번도 아닌 딱 한 번인데 말이지요. 그랬더니 그 선배는 이렇게 대답했습니다. '우리는 하나님께 예배하기 위해 존재하는 사람들이니까 주일에는 예배를 드려야지. 그게 인간이 마땅히 해야 할 기본적인 일이잖아. 세상이 그걸 몰라도 우리는 주일을 반드시 지켜야 해!' 이 선배는 어떻게 되었을까요? 미루고 미루다가 결국 졸업을 위해 급하게 주일에 토익 시험을 응시하게 되었습니다.

기독교 신앙을 가진 이후 누군가 저에게 삶의 의미와 목적에 대해 물었을 때, 저는 항상 '하나님의 영광을 위해!'라고 대답했습니다. 솔직히 그것이 무슨 의미인지도 잘 모르면서요. 저에게 그 말은 종교적인 맥락의 공적 예배에 참석하는 것과 연결되어 있었습니다. 거기에는 (매우 문자주의적인 사고를 토대로) 성경말씀을 기록된 그대로 지켜야 한다는 생각도 있었습니다. 하나님께서 예배를 위해 인간을 창조하셨다면, 예배하는 것이 가장 하나님의 뜻에 합당한 일이라고 생각했던 것 같습니다. 물론 지금도 그 생각에는 변함이 없습니다. 다만, 예배가 무엇인지에 대해 이전과는 조금 다른 방식으로도 생각하고 있을 뿐입니다.

저에게 예배는 인간이 그 존재의 의미와 목적에 맞게 실존하는 것입니다. 그래서 예배란 가장 인간답게 /살아간다는 말과 같다고 생각합니다. 인간이 하나님의 대리자라면, 세상을 움직이는 가치와 그 방향들에 대해 생각하고, 그 속에서 인간다운 삶이 무엇인지 끊임없이 고민하며 살아가야 합니다. 저는 그것이 바로 예배라고 생각합니다. 지금까지의 이야기가 새로운 신앙의 이야기를 시작하는 데 작은 도움이 될 수 있길 바랍니다. 인간의 존재 목적이 무엇인지, 예배가 무엇인지, 우리의 삶은 어디를 향해 있어야 하는지에 대해 계속해서 새로운 질문을 던져주면서 말입니다.

3장

욕심을 향한 폭력의 삶
: 죄

◆ 신앙에 대한 또 다른 해석과 마주하다

모든 종교는 일종의 가치판단을 하고 있습니다. 특별히 중요하게 긍정적인 방향으로 해석되는 가치가 그 종교의 가장 중요한 메시지와 방향성이 됩니다. 더불어 자연스럽게 그 가치와 반대되는 부정적인 개념들도 형성됩니다. 이상적으로 기대하는 세상의 모습과 현실 간의 괴리가 그 부정적인 개념들을 통해 표출된다고 할 수 있지요. 이를 보면, 우리는 어떤 종교가 세상에서 일어나는 일들을 어떻게 판단하고 해석하는지를 가늠해 볼 수 있습니다. 성경을 갈무리한 공동체 역시 마찬가지 아니었을까요? 그들은 자신들의 삶에서 일어나는 일을 신앙의 맥락에서 해석하고 신앙고백의 형태로 남겨 놓았습니다. 하지만 안타깝게도 성경에 대한 이해에 따라, 이런 가치들이 불변하는 진리처럼 규범적으로 형성되었습니다.

그리고 그 규범은 대부분 긍정적인 내용보다는 부정적인 내용을 터부시하는 방향으로 흐릅니다. 바로 '죄'라는 이름으로 말이지요.

선과 악을 알게 하는 나무 이야기

많은 사람들이 죄에 대해 생각할 때 가장 먼저 떠올리는 이야기가 있습니다. 바로 선과 악을 알게 하는 나무 이야기입니다(창 3).

> 주 하나님이 사람에게 명하셨다. "동산에 있는 모든 나무의 열매는, 네가 먹고 싶은 대로 먹어라. 그러나 선과 악을 알게 하는 나무의 열매만은 먹어서는 안 된다. 그것을 먹는 날에는, 너는 반드시 죽는다"(창 2:16-17)

> 여자가 그 나무의 열매를 보니, 먹음직도 하고, 보암직도 하였다. 그뿐만 아니라, 사람을 슬기롭게 할 만큼 탐스럽기도 한 나무였다. 여자가 그 열매를 따서 먹고, 함께 있는 남편에게도 주니, 그도 그것을 먹었다(창 3:6)

하나님은 동산의 모든 나무의 열매는 허락하셨지만, 선과 악을 알게 하는 나무의 열매만은 먹지 말라고 하십니다. 이 말씀이 일종의 기준이 됩니다. 말씀을 지키면 선, 어기면 악인 것처럼요. 하지만 인간은 뱀의 유혹에 넘어가 그 열매를 따서 먹습니다. 하나님이 세우신 기준을 무너뜨리고 자신의 뜻에 따라 하나님의 명령에 '불순종'한 것입니다. 이 불순종이 바로 죄의 시작이라고 볼 수 있습니다. **하나님의 뜻보다 자신의 뜻과 욕심을 우선으로 선택한 것**이 바로 죄의 본질이라는 것이지요. 많은 사람들이 오랫동안 이 이야기를 최초의 범죄라고 생각하며, 계속되는 죄라는 개념과 연결 지어 이해해 왔습니다.

원죄라는 개념으로

이 이야기가 죄의 본질적인 이야기를 다루고 있다고 해도, 그것이 '오늘 우리에게 **어떻게** 의미를 가질 수 있는가'에 대해 이해하는 방식은 다릅니다. '모든 인간이 죄인이다'(롬 3:23)라는 바울의 말처럼, 인간은 존재론적으로 죄인이 되었습니다. 성경을 문자 그대로 받아들이는 관점에서 보자면 이러한 선언은 일종의 정언과도 같습니다. 많은 사람들이 지금까지 이 주장을, 선과 악을 알게 하는 나무 이야기를 통해 '원죄'라는 개념을 만들어 설명해 왔습니다. 다시 말해 원죄는 바울의 신앙고백, 즉 인간이 죄인이라는 신학적 증언을 설명하기 위해 만든 개념인 것이지요. 이런 맥락에서 원죄는 기본적으로 선과 악을 알게 하는 나무 이야기에서 드러난 최초의 범죄를 가리킵니다. 그리고 이에 대한 논의는 죄의 본질이 아닌, 최초의 범죄가 어떻게 모든 인간에게 지속적으로 죄인이라는 정체성을 부여해 왔는가에 주로 집중됩니다. 교리사를 살펴보면, 매우 이른 시기부터 교회사 전반에 걸쳐 사람들이 이 원죄 개념을 어떻게 비중 있게 설명해 왔는지를 발견할 수 있습니다. 그 과정에서 죄책, 유전된 부패성, 죄로의 경향성, 자범죄, 아담의 대표성과 같은 개념들이 등장하기도 하지요. 이런 주제들은 오랜 시간을 거치며 많은 논의를 낳았지만 여기서는 다루지 않겠습니다. 다만, 그 논의들이 '최초의 범죄가 **어떻게** 모든 인간에게 영향을 주고 있는가'에만 주로 집중하고 있다는 점은 꼭 짚고 싶습니다.

결국 원죄라는 렌즈를 통해 모든 인간은 존재론적으로 죄인이라는 상태에 놓입니다. 애초에 '모든 인간이 죄인'이라는 시작점을 설명하기 위해 원죄가 나타났으니, 그 원죄에 따라 다시 같은 결론으로 돌아가는 셈입니다. 따라서 우리는 태어나면서부터 무조건 죄인이라는 낙인이 찍힌 채, 자신의 힘으로는 결코 그 상태를 바꿀 수 없는 존재로 규정됩니다. 이는 앞서 언급한 하나님의 형상을 상실했다는 개념과도 연결됩니다. 곧 하나님과의 관계가 끊어져 존재론적으로 죄인이 되었다는 것이지요. 그리고 이러한 논리는 모든 인간에게는 예수님을 통한 구원이 필요하다는 주장과 자연스럽게 연결되는 것입니다. 이런 맥락에서 원죄 개념은 구원을 이야기할 때 가장 중요한 개념 중 하나로 기독교 신학 안에 자리 잡게 된 것입니다.

불순종의 반복

하지만 저는 이 선과 악을 알게 하는 나무의 이야기를, 인간의 삶이 어떻게 변질되기 시작했는가에 더 비중을 두고 읽어야 한다고 생각합니다. 죄의 본질이 무엇인지에 더 관심을 가져야 한다는 것이지요. 창세기 기자는 인간을 세상에 하나님의 뜻을 드러내는 하나님의 대리자로 생각했습니다. 하지만 이 이야기에서 인간은 하나님의 뜻보다 자신의 욕망을 우선시하며, 대리자로서의 자격을 상실하는 모습을 보입니다. 자신의 욕망을 성취하기 위해 하나님의 뜻을 따르지 않는 선택을 하기 시작한 것이지요. 창세기 기자는 자신만을 만족시키기 위한 이런 삶의 방식이, 앞서 이야기했듯이 다른 사람을 짓밟고 폭력으로 착취하는 문화들로 향하게 되었다고 생각한 것입니다. 이 어그러짐의 본질이 바로 욕망에서 비롯된 불순종이라고 생각한 것입니다. 종교적인 말로 표현하자면, 결국 그것이 죄의 본질이라는 것이지요. 그리고 지금도 죄로 얼룩진 세상은 여전히 삶의 방향을 돌이키지 않고 폭력과 착취의 문화를 만들어 자신들에게 향하고 있다고 생각하는 것입니다.

이렇게 이해한다면, 이 이야기는 창세기 기자가 생각하는 죄의 본질, 즉 자신들의 이해 안에서 죄라는 것이 어떤 의미인지에 대해 말하고 있는 것입니다. 다시 말해, 이 변질을 돌이켜 하나님의 형상을 회복한다면, 그들은 얼마든지 죄와는 다른 방식으로 살아갈 수 있다고 생각했다는 것입니다. 이런 방식은 존재론적인 의미와는 다릅니다. 결국은 자신들의 삶 속에서 어떤 삶을 선택하는가에 따라 그가 죄인인지 아닌지의 정체성이 달라진다는 것이지요. 이런 맥락에서 저는 오해의 소지가 다분한 죄, 혹은 범죄라는 표현보다는 '불순종'이라는 표현을 선호합니다. 이는 존재론적인 의미가 아닌, 누구나 자신의 삶을 비추어 볼 수 있는 말입니다. 창세기 기자에게 있어 **인간은 누구든 불순종을 벗어나 다시 하나님의 뜻을 붙잡고 살아갈 수 있는 존재**입니다. 하나님의 형상을 회복할 수 있는 존재라는 것이지요. 실제로 구약은 하나님과의 완전한 단절된 채 그저 예수님이 오셔서 존재론적인 죄의 문제를 해결하기만을 기다리는 것이라고 이야기하지 않습니다. 그보다는 계속해서 죄라는 삶의 양식을 벗어나 살아갈 것을 촉구합니다. 죄는 이렇게 우리를 존재론적으로 낙인찍기 위한 것이 아니라, 우리가 인간으로서 선택하지 말아야 할 삶의 방식이 무엇인지를 경고하듯 알려주는 이야기이지 않을까요?

규범적인 성격으로서 성경이 말하고 있는 죄에 대해

지금까지 삶의 방향성의 측면에서 죄를 이해해 보자고 이야기해 왔습니다. 하지만 이렇게 단정하기에는 조금 성급한 것 같습니다. 성경의 다른 부분에서는 죄를 다른 방식으로 이해하는 듯 보이기도 하니까요. '이렇게 하거나 이렇게 하지 않는 것은 죄다' 혹은 '이런 것들 자체가 죄다'라고 강하게 말하는 구절들을 어렵지 않게 발견할 수 있습니다. 예를 들면 먹어도 되는 음식과 부정한 음식이 구분되어 있고(레 11), 출산한 여인들을 부정하다고(레 12) 말하는 부분도 있습니다. 피부병에 걸린 사람들에 대한 규례들도 있습니다(레 13). 그런 이야기를 보면 종교적인 관점에서 질병에 대한 이해와 어떠한 상태가 부정한지의 여부, 그리고 그 상태의 회복에 관심이 있어 보입니다. 신약 성경에서도 바울이 비슷한 맥락의 이야기를 합니다. 마치 죄의 목록이라고 할 수 있을 정도입니다.

사람들은 온갖 불의와 악행과 탐욕과 악의로 가득 차 있으며,

시기와 살의와 분쟁과 사기와 적의로 가득 차 있으며, 수군거리
는 자요, 중상하는 자요, 하나님을 미워하는 자요, 불손한 자
요, 오만한 자요, 자랑하는 자요, 악을 꾸미는 모략꾼이요, 부
모를 거역하는 자요, 우매한 자요, 신의가 없는 자요, 무정한 자
요, 무자비한 자입니다(롬 1:29-31)

바울은 이와 비슷한 맥락의 이야기들을 로마서뿐만 아닌
다른 여러 곳에서도 언급하고 있습니다. 이 항목들이 당시
사회의 윤리적 측면과 관련 있어 보인다는 점에서 레위기의
기록과는 조금 다른 것 같습니다. 하지만 이 둘은 어떤 특정
한 행동 자체를 죄로 인식한다는 점, 즉 죄를 규범적으로 이
해하는 것처럼 보인다는 공통점이 있습니다.

자범죄라는 개념으로

앞서 계속 언급했듯이 많은 사람들이 오랫동안 원죄를 토대
로 죄를 설명해 왔습니다. 하지만 이런 죄에 대한 규범적인
언급들은 원죄라는 개념으로 정의하기가 쉽지 않습니다. 왜
냐하면 원죄는 매우 존재론적인 의미임에 반해, 성경의 이런
언급들은 실제적인 삶의 이야기와 더 가깝기 때문이지요. 그
래서 이를 설명하기 위해 원죄와 대비되는 말로, '자범죄'(스
스로 범하는 죄)라는 표현을 쓰기도 합니다. 존재론적인 차원

이 아닌, 실천적이고 행위적으로 죄를 이해하는 것입니다. 이런 측면에서는 실제로 어떤 행동을 하며 살아가야 하는가와 맞닿아 있습니다. 따라서 규범적인 형태로 무언가를 하거나 혹은 하지 않는 행위로 죄의 여부를 구분합니다. 사실 신앙생활 가운데 죄에 대한 담론은 대부분 이런 차원에서 소비되고 있습니다. 자주 혼용되어 사용되긴 하지만, 대체로 구원과 관련된 이야기는 원죄로, 신앙생활의 영역에서는 자범죄로 이해합니다.

그렇다고 이 둘을 완전히 대립되는 개념으로 구분하지는 않습니다. 역사적으로 원죄에 대한 논의가 있을 때마다 자범죄에 대한 논의도 함께 진행됐습니다. 인간에게 구원이 필요한 이유가 원죄 때문인지 아니면 자범죄 때문인지를 논쟁하기 위함이었지요. 우리는 일반적으로 원죄가 자범죄의 근거가 된다는 논의에 익숙합니다. 원죄로 인해 하나님과의 관계가 단절되었고, 존재론적으로 죄인이 되었기 때문에 자연스럽게 죄를 지을 수밖에 없다는 것입니다. 즉, 원죄의 필연적 귀결은 죄를 저지르며 살아갈 수밖에 없는 우리의 죄인이라는 운명입니다. 물론 모두가 이런 방식이 당연하다고 생각하진 않습니다. 당연히 여러 입장과 의견들이 있지만, 원죄를 중심으로 이해하는 방식이 주류를 이루어 왔습니다. 그래서 우리에게는 위와 같은 방식이 익숙한 것이지요. 성경을 문자 그대로 받아들이는 방식에 익숙한 사람들은 이런 구절들을 토대로 죄를 자연스럽게 규범적으로 이해합니다. 원죄와 더불어 자범죄라는 개념으로 설명하면서 말입니다.

지금 우리의 신학적 증언, 신앙고백으로서의 죄

죄를 규범적으로 이해하는 듯한 이 구절들에 대해, 원죄라는 틀을 벗어나 어떻게 답할 수 있을까요? 사실 우리는 이미 이 문제에 대해 대답할 수 있습니다. 성경을 문자적으로, 규범적으로 받아들이기보다는 오랜 시간 동안 여러 신앙 공동체가 자신들의 신학적 증언 혹은 신앙고백을 갈무리해 놓은 것으로 받아들인다면 말입니다. 죄의 항목들 역시 기록한 당시의 신앙공동체가 고민한 **신학적 해석의 결과물**로 볼 수 있습니다. 자신들의 삶에서 신앙이란 무엇인가에 대해 고민하고, '하나님의 뜻'과 '죄'라는 말로 자신들의 종교적 가치를 표현하고 있는 것이지요. 다시 말해 '신앙의 맥락에서 무엇이 옳지 않은 일일까?'라는 질문에 대한 고민의 흔적들이, 죄라는 개념으로 형성되어 일종의 지침이나 금지 행위로 드러난 것입니다. 때문에 성경이 어떤 모습, 혹은 어떤 행동을 죄라고 말할 때는 당연히 그들의 세계관에서 나온 해석임을 염두에 두어야 합니다. 레위기의 규정들은 질병의 원인을 정확하게 알지 못했던 시대에 종교를 통해 질병을 설명하고자 했던 노력입니다. 바울의 이야기 역시 당시 사회의 윤리적 기준을 벗어나지 않는 선에서 선한 행실과 악한 행실을 구분한 것으로 볼 수 있습니다. 사실 구약과 신약 사이에서도 벌써 죄에 대한 관점이 조금씩 달라지고 있는 셈입니다. 질병과 부정함에 대한 관심에서 도덕과 윤리의 차원에서 새로운 방식으로 드러나고 있는 것이지요.

결국 '죄를 규범적인 개념으로 생각해야 하는가?'라는 질문에 대한 대답은 성경을 어떻게 받아들이는가와 맞닿아 있습니다. 성경의 기록을 문자적으로 받아들이면 자연스럽게 기록 그대로를 불변하는 가치로 여기게 됩니다. 그리고 그것이 이천 년 전의 그들과는 다른 삶을 살아가는 우리에게도 동일한 가치판단의 기준이 되어버리는 것이지요. 거기에 종교적인 어떤 문화와 관습이 더해져서 죄라는 개념을 형성하고 있는 것은 아닌가 생각해 봅니다. 예를 들면 '강대상에 올라가는 것은 죄다', '예배 시간에 졸면 죄다', '헌금을 안 하면 죄다'와 같은 것들 말입니다. 창세기가 말하는, 하나님의 뜻을 뒤로하고 자신의 욕심을 위한 삶을 지향하는 죄의 본질은 잊은 채, 종교적 전통에 따른 문화와 관습들 속에서 이상하게 규범화된 '죄'에 대해 다시 생각해 보면 좋겠습니다. 또한 이렇게 형성된 죄의 개념이, 전통이라는 미명하에 얼마나 많은 곳에서 폭력적으로 소비되고 있는지도 깊이 생각해 봐야 할 것입니다.

선과 악을 알게 하는
나무 이야기

죄의 본질과 관련된 이야기

원죄

모든 인간은 존재론적 죄인

필연적으로 예수님의 대속이 필요
결과론적 접근

불순종

하나님의 뜻 〈 자신의 욕망
반복되는 불순종

모든 인간은 누구든 불순종을
벗어나 회복할 수 있는 존재

성경의 죄에 대한 언급들

원죄

원죄로 인한 필연적 자범죄

규범적인 성격으로 인식

불순종

신학적 증언, 신앙고백
신학적 해석의 결과물

'성경을 어떻게 받아들이는가'와 맞닿은 이야기

작은 제안

성경은 기록된 당시의 맥락과 세계관이 반영된 해석의 산물임을 잊지 말아야 합니다. 오래전 신앙인들이 이해했던 방식으로 오늘날의 신앙을 무조건 정의할 수는 없습니다. 우리들의 신앙은 오늘 우리들의 삶의 자리를 통해 형성되고 드러나야 합니다. 하지만 죄를 규범적으로 이해하는 방식은 그들의 생각으로 우리들의 세상과 신앙을 이해하려고 하는 것이지요. 죄를 규범적으로 이해하는 방식은 결국 죄에 대해 이야기할 때 '무엇이 죄고, 무엇이 죄가 아닌가?'라는 부분으로만 함몰되게 하는 것 같습니다. 결국, 죄에 대한 이야기를 할 때마다 우리는 세상을 향해 낙인을 찍는 모습으로 드러나고 있는지도 모릅니다. 이 시대를 살아가는 아주 평범한, 때로는 잘못된 편견과 폭력에 의해 힘겨운 삶을 살아가는 이들을 사랑하고 섬기기는커녕, 오히려 그들에게 죄인이라는 낙인을 찍는 것이지요. '모든 인류는 원죄로 인해 죄인이 되었으니, 우리처럼 너희도 예수님 앞에 네가 죄인임을 인정해야 돼'라고 다짜고짜 말하면서요. 점잖은 혐오와 폭력을 통해 누군가의 존재 자체를 죄로 낙인찍는 것, 우리는 어쩌면 죄라는 개념을 이런 방식으로 소비해 온 것은 아닐까요?

앞으로 '죄'에 대해 이야기할 때 이전과는 다르게 고민해 보면 좋겠습니다. 죄의 본질적인 부분에서부터 시작해 보면 어떨까요? 죄라는 개념을 좀 더 열린 개념으로, 세상을 살아가는 삶의 커다란 방향성이라는 측면에서 이해해 보는 겁니다. 누군가가 자기의 뜻과 욕심을 위해 타인을 권력으로, 다른 무엇으로 짓밟고 착취하는 폭력을 보인다면, 그리고 내가 그런 모습들을 당연하거나 어쩔 수 없는 것으로 정당화하며 모르는 척 넘어가고 있다면, 바로 그 자리에서 죄에 대해 생각해 보아야 한다는 겁니다. 폭력이 일상화된 세상에서, 우리는 죄라는 담론을 더욱 의미 있게 생각해 봐야 합니다. 모든 인간이 인간답게 살아가는 세상을 꿈꾸며 행동하고, 폭력에 신음하는 사람들을 위로하며 그들과 함께 하는 것, 이것이 죄에 대한 우리의 고민의 시작이 되길 바랍니다.

개인적인 이야기

기독교는 참 많은 죄의 목록(?)을 보유하고 있습니다. 너무 피곤해서 예배 때 졸아도 죄, 강단에 올라가도 죄, 심지어는 부모님과 가족여행을 가게 되어 주일 예배에 참석하지 못하게 된 것도 죄입니다. 그렇게 따지고 보면 우리의 삶은 온통 죄에 둘러싸여 있습니다. 그래도 괜찮습니다. 예수님께서 십자가에 달려 우리의 모든 죄를 용서하시고 우리를 의롭게 여기셨다고 배워왔으니까요. 우리는 믿음으로 의롭게 될 수 있으니 걱정할 필요가 없다고 말이지요. 하지만 저는 이러한 생각이 적잖이 불편했던 것 같습니다. 지금 더러운 진흙탕에서 구르고 있고, 또다시 계속해서 더러운 진흙탕에 반복해서 넘어지게 될 텐데, '너는 그래도 내가 깨끗하다고 인정해 줄 테니 이제 넌 깨끗한 거야'라는 방식 말입니다. 물론 완벽하진 않지만, 이런 방식이 하나님의 '은혜'라는 개념을 조금은 쉽게 이해할 수 있도록 도와주긴 합니다. 그렇더라도 예수님은 조금, 아니 사실 많이 억울하실 것 같긴 합니다. 예수님께서 우리의 죄를 용서하셨다는데, 정말 그런 모습들을 용서하시기 위해 오셨다면요. 예배 때 졸고 있는 죄, 술을 마신 죄를 용서하시기 위해 십자가에서 죽임을 당하신 거라면, 예수님도 너무 억울하실 거란 생각이 들었습니다. 물론 십자가 사건은 우리의 원죄를 해결하기 위한 것이었다고 생각하실 분도 계시겠지만요.

지금은 대부분 생각이 바뀌었습니다. 저 개인의 생각뿐만 아니라 많은 그리스도인들의 생각이 바뀐 것이지요. 저는 앞으로도 이런 변화가 계속될 거라 생각합니다. 사회와 윤리, 우리의 상식 역시 변하기 때문입니다. 그 속에서 죄에 대한 인식은 상식보다 더 상식적인, 더 나아가 상식 너머의 이야기까지 담을 수 있어야 한다고 생각합니다. 아직도 폭력이라고 인식되지 않는 것들을 발견하고, 그 모습을 죄라고 말하며 어그러진 것들을 바로잡아 가는 것이야말로 신앙인들이 죄라는 이야기를 떠올리는 방식이 아닐까 생각해 봅니다. 이제는 상식적으로 통용되지 않는 이야기들을 여전히 죄라고 외치며 세상과 소통하지 못하는 모습 말고요.

4장

그들이 꿈꾸던 세상
: 하나님의 뜻

신앙에 대한 또 다른 해석과 마주하다

종교에서 '신의 뜻'만큼 강력한 말이 있을까요? 하나님의 뜻은 기독교 신앙에서 어찌 보면 가장 중요한 개념이라고 할 수 있습니다. 우리의 삶과 모든 인식 가운데 가장 우선적으로 고려하고 또 성취해야 하는 것이니까요.

앞서 우리는 신앙고백으로서 성경에 대해 이야기했고, 그 이해를 토대로 성경을 통해 각 시대에 신앙 공동체들이 하나님의 뜻을 어떤 방식으로 해석하고 드러내었는지를 발견할 수 있다고 이야기했습니다. 하지만 안타깝게도 오늘날 하나님의 뜻은 이런 방식으로는 잘 받아들여지지 않는 것 같습니다. 초월적인 하나님의 인도하심이 우리의 삶을 움직인다는 일종의 신비와 관련된 이야기로 여기는 경우가 더 많습니다. 성경을 여전히 규범적으로 읽는 방식에 익숙한 사람들은, 이를 신비로운 인도하심과 결부시켜 다소 운명론적으로 받아들입니다. 마치 하나님께서 우리의 인생을 다 정해 놓으셨고, 우리는 그 뜻을 찾아 순종해야 한다는 식으로 말입니다.

운명론적으로 소비되는 하나님의 뜻

대학에 다닐 때 한 후배와 진로에 대한 이야기를 한 적이 있습니다. 저는 그 친구에게 앞으로의 진로를 물어보았고, 그 친구는 '형, 저는 고민할 것도 없지요. 법학과에 왔으니 당연히 법조인이 돼야지요!'라고 답했습니다. 저는 그 대답을 듣고 조금은 갸우뚱했지만 '사법시험을 준비하기로 결정했나 보다' 생각했습니다(로스쿨이 없던 때입니다). 그래서 그동안 고민하느라 고생했고, 이제부터 제대로 공부하려면 힘들겠다고 답했습니다. 그때 그 친구가 저에게 했던 말은 오랜 시간이 지나도 잊히지 않습니다. '아니요, 제가 결정했다기보다는 하나님의 인도하심이지요. 하나님께서 저를 법학과에 합격시켜 주셨는데, 당연히 저를 법조인의 길로 인도해 주시겠지요. 그리고 전 힘들지 않아요. 저는 무조건 합격할 겁니다. 저를 여기까지 인도하신 하나님의 뜻이 그렇잖아요!'

자신의 진로나 취업을 앞두고 하나님의 뜻을 알려달라고

기도하는 사람들을 많이 봅니다. 사랑하는 누군가를 만났을 때 그 사람이 자신을 위해 준비된 배우자인지, 하나님의 뜻에 맞는 사람인지 묻는 경우도 많이 봅니다. 심지어는 짜장면과 짬뽕 사이에서 하나님의 뜻을 물었다는 사람도 있습니다. 여러분도 이런 이야기를 분명히 들어 보셨을 것입니다. 한때는 저런 모습을 좋은 신앙인의 모습이라고 권장하기까지 했으니까요. 물론 저런 모습을 부정적으로 생각하는 신앙인들이 없었던 것은 아닙니다. 하지만 그들은 '하나님의 뜻'을 저런 방식으로 이해하는 것 자체에 대해 부정적이라기보다는, 하나님의 뜻에 자신의 욕심이 묻어나기에 문제가 있다고 생각합니다. 다시 말해, 자신의 욕심이 묻어나지만 않는다면 괜찮다는 것이지요. 한때 많이 회자되었던 '내려놓음'과 같은 이야기들이 대표적입니다. 이처럼 하나님의 뜻은 우리 삶의 구체적인 부분들을 향한 하나님의 분명한 의도를 확인하는 방식으로 소비되어 왔습니다.

과연 우리 삶은 하나님께서 이미 정해놓으신 대로 그저 흘러만 가는 것일까요? 하나님께서는 우리가 잘못된 방향을 선택했을 때 그 길을 떠나 미리 정해놓으신 목적지로 다시 향하기를 원하시는 걸까요? 그렇게 정해진 하나님의 뜻이 무엇인지를 찾아내고 순종하며 살아가는 것, 이것이 하나님의 뜻이라는 말의 의미일까요? 제 생각은 조금 다릅니다. 이런 식의 이해는 하나님의 뜻이라는 개념을 운명론적으로만 접근하는 방식입니다. 그 이유는 앞서 이야기했던 것처럼 성경을 그런 방식으로 읽었기 때문입니다. 오래전 성경이 기록된 **당시의 신앙고백을, 규범적으로 혹은 결과론적으로** 받아들이기 때문입니다. 이런 방식으로 하나님의 뜻을 이해하기 시작하면, 우리에게 주어진 거의 모든 현실을 자기도 모르는 사이에 자연스럽게 결과론적으로 해석하게 됩니다. 일제 강점기도 하나님의 뜻이었고, 안타까운 사건 사고들 모두가 하나님의 뜻이라고 생각하게 되는 것이지요. 더불어서 이런 방식은 하나님의 뜻을 마치 어떤 특정한 선택을 강요하는 식으로 생각하게 만듭니다. 우리는 하나님의 뜻이라는, 하나님이 정해 놓으신 그 정답을 찾아야 한다는 것이지요. 그 정답대로 살아야 하나님의 뜻대로 사는 것이고, 벗어나면 하나님의 뜻과 어긋난 죄인이 되는 것일까요? 그렇게 우리의 인생은 그저 끊임없이 정답을 맞히기 위해 노력하는 퀴즈쇼에 불과한 것일까요?

새롭게 이해해 보려는 시도

우리는 앞서 죄가 하나님의 뜻에 반하는, 자신의 욕심을 채

우기 위해 폭력적인 행태로 드러나는 삶의 방식임을 살펴보았습니다. 그렇다면 하나님의 뜻은 무엇일까요? 죄라는 개념을 기독교의 부정적인 측면에서 이야기했던 것처럼, 같은 방식으로 '하나님의 뜻'은 긍정적인 측면에서 이해해 볼 수 있지 않을까요? 성경 기자들이 꿈꾸던 사회의 모습과 붙잡고 싶어 했던 가치들을 살펴보면, 그들이 생각했던 하나님의 뜻이 무엇인지 조금이나마 가늠해 볼 수 있을 것 같습니다. 죄에 대한 이야기와 마찬가지로, 먼저 그들의 신앙고백이 어떤 가치의 형태로 드러나고 있는지를 살펴보는 것이 적절하겠습니다. 먼저 복음서 기자들이 예수님 이야기에 담아낸 그들의 신앙고백을 살펴봅시다.

복음서 기자들의 신앙고백

기독교에서 가장 중요한 메시지가 무엇이냐고 물어본다면 누구나 '사랑'이라고 대답할 것입니다. 그만큼 '기독교는 사랑이다'라는 말은 거의 관용어구처럼 받아들여집니다. 아마도 복음서에 담긴 예수님의 그 유명한 '하나님을 사랑하고 이웃을 사랑하라'(막 12:29-31)는 말씀 때문일 것입니다. 예수님도 직접 언급하셨듯이, 이 말만큼 율법의 모든 이야기를 잘 갈무리해 놓은 말은 없을 테니까요. 복음서 기자들은 예수님을 사랑의 메시지를 전하는 분으로 묘사하고 있습니다. 예수님은 당시 소외된 사람들을 향해 하나님의 은혜를 선언하셨고 '세리와 죄인의 친구'(마 11:19)라는 별명을 얻기도 하셨습니다. 그는 사회적으로 소외당하거나 배제당한 사람들, 폭력에 신음하며 누군가에게 가치 없는 존재로 평가받던 사람들을 찾아가셨습니다. 어그러진 그들의 삶에 자유를 선언하시고, 인간답게 살아가는 삶으로 그들을 초대하셨습니다. 이런 이야기들을 복음서 기자들은 '사랑'이라는 가치로 담아내고 있습니다. 다시 말해 자신들이 꿈꾸던 이상향을 실현하는 말로, 하나님나라로 표현된 새로운 세상을 움직이는 가치로 사랑을 말한 것입니다.

사랑이라는 가치를 어떻게 이해해야 할까요? 많은 사람들이 일반적으로 사랑을 감정적이고 인격적인 차원의 이야기로만 이해합니다. 대체로 그런 맥락에서 사용되기 때문입니다. 하지만 예수님의 모습은 그렇게 묘사되지 않습니다. 복음서 기자들은 그보다 한 인간을 인간다운 삶으로 온전하게 회복시키는 예수님을 묘사합니다. 감정적이고 인격적인 차원이라기보다 존재론적인 차원의 이야기라는 것이지요. 사랑을 **어떤 존재가 그 본질에 맞게 존재할 수 있는 상태, 또 그렇게 존재할 수 있도록 회복시키고 돕는 행위**로 생각해 보면 어떨까요? 하나님의 형상대로 인간을 만드신 그 의미에 따라, 스스로와 타인을 인간답게 살아갈 수 있도록 하는 것이라고 말입니다.

복음서 기자의 신앙고백은 이렇게 하나님의 뜻을 사랑(존재론적으로 확장된)이라는 가치로 표현하고 있습니다. 일반화하는 것은 위험하지만, 조금 더 쉽게 이해해 보고자 '어쩌면 구약 성경 역시 사랑이라는 가치를 중요하게 여기지 않았을까?'라는 가정으로 이야기를 이어 나가보겠습니다.

구약 공동체들의 신앙고백

구약 성경에서도 사랑이라는 가치가 묻어나 있는 이야기들을 여러 곳에서 확인할 수 있습니다. 우선 우리가 잘 알고 있는 것처럼, 구약에는 '고아와 과부'라는 표현이 많이 등장합니다. 이는 그 당시 사회적으로 도움이 필요한 사람들을 가리키는 대명사와 같은 표현입니다. 구약 성경 곳곳에는 그들을 돌보고 살아갈 수 있게 도우라는 이야기들이 많습니다. 폭력을 거부했던 그들이 꿈꾸던 사회는 한마디로 고아와 과부들조차도 죽지 않고 살아갈 수 있는 세상이었습니다. 가난한 사람들도 물론입니다. 또한 그들은 공동체를 넘어 손님과 이방인들을 향해서도 그 사랑을 확장시킵니다. 그들을 환대하는 모습 역시 사랑이 드러나는 일이라고 생각했던 것이지요.

당신들은 올리브 나무 열매를 딴 뒤에 그 가지를 다시 살피지 마십시오. 그 남은 것은 외국 사람과 고아와 과부의 것입니다. 당신들은 포도를 딸 때에도 따고 난 뒤에 남은 것을 다시 따지 마십시오. 그 남은 것은 외국 사람과 고아와 과부의 것입니다 (신 24:20-21)

세 해마다 십일조를 드리는 해가 되면, 당신들은 당신들의 모든 소출에서 열의 하나를 따로 떼어서, 그것을 레위 사람과 외국 사람과 고아와 과부에게 나누어 주고, 그들이 당신들이 사는 성 안에서 마음껏 먹게 하십시오(신 26:12)

너희가 정녕 너희 이웃에게서 겉옷을 담보로 잡거든, 해가 지기 전에 그에게 돌려주어야 한다. 그가 덮을 것이라고는 오직 그것뿐이다. 몸을 가릴 것이라고는 그것밖에 없는데, 그가 무엇을 덮고 자겠느냐? 그가 나에게 부르짖으면 자애로운 나는 들어주지 않을 수 없다(출 22:26-27)

너희는 너희에게 몸붙여 사는 나그네를 학대하거나 억압해서는 안 된다. 너희도 이집트 땅에서 몸붙여 살던 나그네였다(출 22:21)

주님은 … 나그네를 지켜주시고, 고아와 과부를 도와주시지만

악인의 길은 멸망으로 이끄신다(시 146:9)

이 외에도 구약 성경은 고아와 과부, 나그네에 대해 자주 언급합니다. 인용한 구절들을 보면, 그들이 중요하게 생각했던 가치들이 일종의 규범으로 드러납니다. 부정적인 가치로서의 죄가 종교적인 규범의 형태로 드러났다면, 그들이 중요하게 여기던 가치들은 윤리적인 규범으로 드러나고 있습니다. 여기에 담긴 메시지는 모두 오늘 우리가 사용하는 말인 '사회적 약자'를 향한 '사랑'입니다. 오경과 시가서뿐만 아니라 선지서에서도 이런 주제를 발견할 수 있습니다. 선지서는 이런 이야기들을 종종 규범이 아닌 종교적인 메시지의 형태로 드러냅니다. 그 메시지에는 선지자들이 하나님의 뜻이라고 생각했던 가치가 담겨 있습니다. 중요한 점은 그 메시지들에도 역시 고아와 과부가 등장한다는 점입니다. '선지자들은 세상의 불의함에 가장 민감한 존재'라는 아브라함 J. 헤셀의 표현처럼, 그들은 이 사회가 하나님의 뜻대로 움직여지도록 지향해야 할 방향들을 그러한 메시지로 선언했던 것입니다.

나 주가 말한다. 너희는 공평과 정의를 실천하고, 억압하는 자들의 손에서 고통받는 사람들을 구하여 주고, 외국인과 고아와 과부를 괴롭히거나 학대하지 말며, 이곳에서 무죄한 사람의 피

를 흘리게 하지 말아라(렘 22:3)

옳은 일을 하는 것을 배워라. 정의를 찾아라. 억압받는 사람을
도와주어라. 고아의 송사를 변호하여 주고 과부의 송사를 변론
하여 주어라(사 1:17)

너의 지도자들은 주님께 반역하는 자들이요, 도둑의 짝이다.
모두들 뇌물이나 좋아하고, 보수나 계산하면서 쫓아다니고, 고
아의 송사를 변호하여 주지 않고, 과부의 하소연쯤은 귓전으로
흘리는구나(사 1:23)

불의한 법을 공포하고, 양민을 괴롭히는 법령을 제정하는 자들
아, 너희에게 재앙이 닥친다! 가난한 자들의 소송을 외면하고,
불쌍한 나의 백성에게서 권리를 박탈하며, 과부들을 노략하고,
고아들을 약탈하였다(사 10:1-2)

과부와 고아와 나그네와 가난한 사람을 억누르지 말고, 동족끼
리 해칠 생각을 하지 말아라(슥 7:10)

내가 너희를 심판하러 가겠다. 점 치는 자와, 간음하는 자와, 거
짓으로 증언하는 자와, 일꾼의 품삯을 떼어먹는 자와, 과부와

고아를 억압하고 나그네를 학대하는 자와, 나를 경외하지 않는 자들의 잘못을 증언하는 증인으로, 기꺼이 나서겠다. 나 만군의 주가 말한다(말 3:5)

이 부분들을 보면, 선지서 기자들 역시 사회가 지향해야 할 모습과 그 구체적인 방향을 사회적 약자들을 향한 것으로 이해한 것 같습니다.

우리는 흔히 선지서 하면 사랑보다는 정의라는 개념을 떠올립니다. 선지자들을 불의한 사회를 향해 정의를 선포한 사람들로 여기면서요. 실제로 선지서에는 정의와 관련된 내용이 많이 등장합니다. 법정에서의 공평과 정의에 대해 강조하기도 하고요. 많은 사람들이 종종 사랑과 정의를 별개의 개념으로 생각합니다. 하지만 **정의는 사랑이라는 가치가 사회적으로 표출된 개념**입니다. 다시 말해 선지서에 담긴 공정한 재판을 요구하는 것, 가난한 자를 착취하지 말라는 것, 심각한 빈부격차에 대해 비판하는 것들 모두가 넓은 의미에서 사랑의 가치를 자신들의 사회 속에서 구현하기 위해 내놓은 해석의 결과물입니다. 이런 맥락에서 구약 성경 곳곳에 드러난 그들의 이상향은 적어도 사랑이 내재된, 모든 인간이 인간답게 살아갈 수 있는 정의로운 사회라고 말할 수 있습니다.

단언할 수 없는 이야기?

물론 구약 성경의 모든 부분이 사랑이라는 가치를 무조건 지향한다고 하면 그것은 심각한 일반화일 수 있습니다. 어떤 곳에는 분명 오늘 우리들의 시각으로 볼 때 매우 배타적이고 차별적인 이야기가 있기 때문입니다. 예를 들어 에스라와 같은 책은 이방인을 향해 매우 배타적인 태도를 보입니다. 그렇다면 에스라 시대의 공동체는 하나님의 뜻을 사랑이 아닌 다른 것으로 생각했던 걸까요? 그것이 드러나는 방식에 대한 해석이 달랐던 걸까요? 아니면 그 시기에 당면한 자신들의 정체성과 신앙의 경계를 세우는 문제가 우선이었기에, 다른 부분들은 좀 뒤로 미루어 놓은 것으로 보아야 할까요? 사실 이것보다 더 어려운 문제가 있는데, 바로 '하나님의 폭력'에 대한 이야기입니다. 이스라엘을 위해 하나님께서 행하시거나 혹은 허락하시는 듯 보이는 폭력과 살육들이 등장하거든요. 우리는 구약 성경에서 가나안을 정복하고 그곳의 주민들을 모두 죽이라는 명령(신 7:1-2), 우상을 섬기는 다른 민족들은 전부 죽여야 한다는(삼상 15:3) 식의 기록들을 찾아볼 수 있습니다.

이런 부분은 어떻게 이해해야 좋을까요? 명확하게 이것이 대답이라고 말할 수는 없지만, 구약 성경이 제2성전기 시대에 어느 정도 갈무리되기 시작됐다는 점이 조금은 도움이 될 것 같습니다. 이 말은 당시의 신앙에 대한 이해나 해석들이 기록과 편집, 글의 배열에 많은 영향을 주었다는 말과 같습니다. 구약 성경이 갈무리되는 과정 자체에 그런 영향들이 녹아있다고도 생각해 볼 수 있는 것이지요. 바빌로니아 포로 시기를 지나 유대 땅으로 귀환하면서 그들은 새롭게 자신들의 정체성을 세워나가는 일에 몰두하기 시작합니다. 다시금 새로운 시작을 꿈꾸었던 것이겠지요. 그 과정에서 더 순수하다고 생각하는 신앙을 향해 열심을 내는 모습들도 발견할 수 있습니다. 그런데 어쩔 수 없던 것이었을까요? 그 공동체는 새롭게 신앙을 세워나가는 과정에서 조금씩 배타적인 태도를 보입니다. 자신들의 정체성을 세우는 문제부터 그랬던 것 같습니다.

포로기 이전에는 이스라엘 12지파를 중심으로 하나님을 향한 신앙이 형성되었습니다. 언제나 사람들이 모인 집단은 늘 그렇듯이 모두 조금씩 다른 생각들을 가지고 있습니다. 이스라엘의 하나님을 향한 신앙은 그렇게 12지파가 이해하는 여러 방식의 하나님에 대한 이해와 신앙의 총체라고 할 수 있습니다. 하지만 남과 북으로 나눠진 왕조 시기에는 자연스럽게 둘의 신앙에 대한 이해가 서로 달라졌습니다. 호세아에 나타나는 신앙고백을 토대로 살펴보자면, 북쪽의 이스라엘은 시내산 언약을 중심으로, 남쪽의 유다왕국은 우리가 다윗 언약이라고 부르는 부분에 더 비중을 두고 시온이라는 개념을 중요하게 생각하는 신앙의 형태를 형성했습니다. 포로기 이후에는 또 상황이 달라집니다. 귀환한 공동체, 즉 유다 지파를 중심으로 하나님을 향한 신앙이 형성됩니다. 이전에 이스라엘 12지파가 각각 말해오던 것들과 남과 북의 사람들이 각각 다르게 이해해 오던 것들이, 이제는 유다 지파가 중심이 된 귀환 공동체의 입장으로 획일화되었던 것입니다. 그들이 말하는 하나님을 향한 신앙이 이스라엘 전체의 신앙이라도 된 것처럼 말이지요. 그렇게 유대 지역으로 돌아온 그들은 신앙의 순수성을 지키기 위해 여러 가지를 시도했지만, 결국에는 배타적인 형태로 드러나게 됩니다.

왜곡된 이해의 결과

문제는 하나님의 뜻이라는 말로 그들이 표현하는 가치와 배타적인 이야기, 한마디로 모순되는 이야기들이 구약 성경 안에 서로 뒤섞여 있다는 점입니다. 이것이 바로 우리가 하나님의 뜻은 사랑이라고 단언할 수 없던 이유입니다. 아마도 제2성전기 공동체의 이런 생각들이, 그들이 전승들을 모아 갈무리하는 과정에 묻어났을 것입니다. 특히 가나안 정복 이야기나 이방인들을 배척하는 모습에 이런 생각이 반영되었을 것입니다. 그들은 아이러니하게도 자신들의 사회를 하나님의 나라로 만들기 위해 폭력적인 방법을 동원했습니다. 하나님의 뜻을 성취하기 위해 가장 극단에 있던 방식을 정당화한 것이지요. 어쩌면 그 폭력이 필요악이었다고 생각했을 수도 있습니다. 마치 폭력을 끊어내기 위해 더 큰 폭력이 필요하다고 생각하는 것처럼 말입니다. 아니면 그들은 애초부터 '자신'과 '타자'를 구분하고 있었는지도 모릅니다. 사랑이라는 가치를 추구해야 한다면서, 그 사랑은 타자가 아닌 자신들의 공동체에만 한정된 것이라고 이해했을 수도 있습니다. 그들에게 전해진 조상들의 이해가 잘못되었다고 생각하면서요. 이런 접근은 매우 이율배반적인 태도로 보입니다.

이런 배타적인 태도는 1세기에 이르러서도 계속되었습니다. 그전에는 없었던 유다 지파만으로 그 정체성을 규정하는 '유대인'이라는 말, 그리고 'Judaism'(유다이즘, 유대교)만 봐도 알 수 있습니다. '사마리아인'이라는 명칭과 그들을 자신들과 분리하는 모습도 그렇습니다. 1세기 유대교의 여러 분파들 중에 바리새파라고 부르는 사람들이 있었는데, 그들 중 일부는 배타적인 태도를 넘어 폭력을 수반해서라도 신앙의 순수성을 지키고자 노력했습니다. 예를 들면 바울처럼 말이지요.

바울은 그리스도를 만난 이후에 과거를 회상하며 자신이 '열심'을 가진 바리새인이었다고 말합니다. 그러나 그 열심은 사람들이 스데반에게 불법적인 방법으로 돌을 던져 죽여도 방관하고, 또 적극적으로 다메섹에 있는 그리스도인들에게 폭력을 행사하려는 모습으로 드러났습니다. 그런 폭력의 방식을 통해 신앙의 순수성, 정통이라는 개념을 내세우면서 자신들이 생각하는 신앙을 지켜내려고 했던 것입니다.

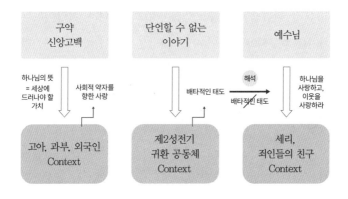

작은 제안

앞서 살펴보았던 대로 구약 성경에 묻어난 하나님의 뜻은 사랑(존재론적으로 확장된)이라는 가치와 맞닿아 있습니다. 우리는 당시의 사회적 약자들인 과부와 고아, 나그네, 외국인들을 환대하고 포용하던 모습을 통해 그것을 살펴봤습니다. 반면 하나님의 뜻이라는 가치가 배타적인 형태로 드러났던 경우도 있었습니다. 이방인을 향한 배제와 폭력으로 신앙을 지켜내려 했던 모순된 모습들이었지요.

우리는 '하나님을 사랑하고 이웃을 사랑하라'는 예수님의 가르침을 바탕으로 이야기를 시작했고, 구약 성경을 살펴보았습니다. 이제 다시 예수님의 이야기로 돌아와야 할 것 같습니다. 왜냐하면 결국 그 이야기가 구약 성경의 다양한 이야기들에 대한 해석이기 때문입니다. 이제까지의 이야기에 비해, 예수님의 메시지는 매우 파격적입니다. 포로기 이후 제2성전기를 살아가던 사람들이 가지고 있던 기존의 신앙에 대한 이해를 뒤집어엎는 새로운 제안이었으니까요. 예수님은 배타적인 형태로 드러나던 신앙, 그리고 그것이 종교적으로 정형화된 유대식 신앙을 향해, 하나님의 뜻은 배제가 아닌 사랑이라고 도전하셨습니다. 무엇보다 자신이 전한 메시지대로 끝까지 폭력과는 다른 방식의 삶을 보여주셨습니다. 십자가라는 무섭고도 극단적인 방식으로 사랑을 표출하신 것입니다. 이렇게 복음서 기자들은 타자를 위해 폭력 앞에서도 기꺼이 죽음을 맞이하는 모습으로 예수님을 그려냅니다. 그가 사랑이라는 하나님의 뜻을 끝까지 붙잡고 끝내 성취하셨다고 말입니다. 십자가 안에서 유대인과 이방인, 나와 타자의 구분은 사라집니다. 예수님을 따르는 사람들은 그가 제시하신 새로운 삶의 방식 앞에서 인간다움을 회복할 수 있는 존재가 됩니다. 막연하고 때론 비현실적으로 보였던 삶의 방식을 삶의 자리로 가져와서 우리도 그렇게 살아가야 하고, 또 그렇게 살아갈 수 있음을 보여주신 것입니다.

하나님의 뜻은 시대마다 그 가치가 어떻게 드러나야 하는지에 대한 해석이 조금씩 달라졌지만, 적어도 운명론적인 차원에서 이해되어서는 안 될 것 같습니다. 그보다는 인간이 인간답게 살아가기 위한 올바른 삶의 가치체계라고 이해해 보면 어떨까요? 인간의 욕심과 폭력이 지배하는 세상의 방식이 아닌, 사랑이라는 새로운 방식을 좇는 삶이라고 말할 수 있지 않을까요? 많은 사람이 당연하다고 생각하는 길이 아닌, 예수님께서 말씀하신 좁은 문(마 7:13)으로 향하는 그 길이 바로 사랑이라는 하나님의 뜻을 붙잡고 살아가는 삶이며, 이것이야말로 복음서 기자와 그가 속한 공동체의 신앙고백이 아니었을까요? 시대가 변하는 가운데, 성경이 말하는 이야기들이 문자 그대로 무조건 불변의 진리가 될 수는 없습니다. 하지만 이 사랑이라는 가치만큼은 시대를 넘어 오늘 우리에게도 매우 중요한, 변하지 않는 진리의 한 부분이라고 생각해 볼 수 있지 않을까요?

개인적인 이야기

예전에 어느 수련회에 참석했던 적이 있습니다. 인도자가 기도회를 시작하며 이렇게 이야기했습니다. '하나님께서는 우리가 어머니의 태중에 있을 때 DNA부터 우리의 인생을 예정하시고 결정해 놓으셨습니다. 다만 우리는 그 뜻이 무엇인지를 발견해야 합니다. 그리고 순종해야 합니다. 그것이 하나님의 뜻대로 살아가는 삶입니다. 그게 신앙입니다. 여러분!'

나를 향한 하나님의 뜻이 있다는 말은 우리의 신앙고백 안에서 매우 감격스럽게 고백되어야 합니다. 길지 않은 삶을 살아왔지만, 그 속에서도 힘겨운 순간들을 겪으며 하나님의 뜻이 무엇인지 묻고 기도했던 기억들은 저에게도 매우 소중한 순간들입니다. 저는 여전히 우리들의 삶을 향한 하나님의 뜻이 있다고 믿습니다. 다만 그것이 우리 삶에 반드시 일어나야 할 어떤 일이나 방향으로 정해져 있다고 생각하지는 않습니다. 어떤 가치를 따라 살아가고, 그 가치를 어떻게 드러내야 하는지에 대한 방향으로 생각할 뿐입니다. 저는 하나님의 뜻을 무속신앙과 같은 방식으로 여기는 대신, 가치에 대한 사유로서 받아들입니다. 그래서 저에게 하나님의 뜻은 확신이 아니라, 끊임없는 고민과 사유의 이야기입니다. 사랑의 정의와 더불어 사랑의 가치를 어떻게 드러내야 할지에 관한 이야기이지요. 이 고민에 대한 답을 찾아가는 것이야말로 하나님의 뜻을 따르는 신앙생활이라고 부를 수 있지 않을까요? 또한 이것이 '하나님의 뜻'이라는 개념에 대해 우리들이 가져야 할 태도가 아닐까요? 정답을 알려달라고 주문을 외우듯 기도하고, 자신의 욕망이 마치 하나님의 뜻인 것처럼 착각하며, 그 목표(욕망)를 성취하고자 어떠한 폭력도 마다하지 않는 모습으로 살아가는 것이 아니라요.

계속해서 이야기해 왔던 인간 존재의 의미, 죄에 대한 이야기는 이 하나님의 뜻과 함께, 인간과 세상을 향한 우리의 이해를 새롭게 할 것입니다. 그리고 우리의 삶이 구체적으로 어떠해야 할지도 새롭게 말해줄 것입니다.

5장

새로운 가치를 붙잡고
살아가는 삶으로
: 구원과 하나님나라

◆ 신앙에 대한 또 다른 해석과 마주하다

그리스도인들은 왜 신앙생활을 할까요? 신앙생활의 목적은 무엇일까요? 여러 대답이 있을 수 있습니다. 누구는 인간으로서 하나님의 거대한 임재 앞에 자신의 초라함을 느끼기에 믿을 수밖에 없다고 말합니다. 누군가는 그분과 동행하며 살아가는 삶이 너무 즐겁고 행복하기 때문이라고 합니다. 하나님을 믿었더니 복을 주셔서 하는 일들이 다 잘 풀렸다고 말씀하시는 분들도 있습니다. 이런 대답들이 무조건 틀린 것은 아닙니다. 하지만 개인적으로 이들이 무언가 마음속에 가장 중요한 어떤 이유를 감추고 있는 것 같다는 생각이 들었습니다. 그래서 그런 분들에게는 일부러 짓궂게 질문을 던지곤 했습니다. '만약 그렇다면, 천국이 없어도 괜찮으시겠어요?'

구원받아 가는 곳, 하나님나라?

기독교의 메시지에 빠지지 않고 등장하는 키워드들이 있습니다. 하나님, 죄인, 예수님, 십자가, 구원, 천국 등과 같은 말입니다. 교회에서 흔히 열리는 여러 교육 및 전도 프로그램에서도 이런 것들은 매우 핵심적인 위치를 차지합니다. 이것들을 하나로 잘 엮어 어우르면, 우리가 잘 아는 '하나님께서 죄인인 우리에게 은혜를 베푸셔서 우리를 위해 예수님을 보내셨고, 십자가에서 대신 죽게 하셨습니다. 이것을 믿으면 우리는 구원을 받고 천국에 가게 됩니다'라는 이야기가 만들어집니다. 이 이야기를 '복음'이라고 부르기도 합니다. 저는 여기서 중심 단어가 구원이라고 생각합니다. 그렇다면 하나님의 은혜는 구원의 이유로, 믿음은 구원에 이르는 방법으로, 천국은 구원의 필연적 결과 내지는 보상으로 생각해 볼 수 있습니다. 이 이야기는 결국 **어떻게 구원받고 천국에 갈 수 있는지에 대한 이야기**가 됩니다. 세상을 살아가면서 누리게 될 성공이나 복에 대한 갈구도 중요하지만, 죽음 이후 좋은 곳에 가고 싶어 하는 욕구가 우리 신앙의 뿌리라 해도 과언이 아니라는 말입니다.

'죽음 이후'는 동서고금을 막론하고 모든 인간의 관심사이기에, 종교 역시 내세에 관심이 많습니다. 인간에게 있어 가장 두렵고 또 낯선 일인 죽음 앞에서 종교는 그 존재 의미를 가장 잘 드러낼 수 있습니다. 그래서인지 대부분 종교는 내세를 이야기할 때 부정적인 차원의 내세와 긍정적인 차원의 내세를 대비시킵니다. 기독교도 마찬가지입니다. '천국', 다른 말로 '하나님나라'라는 개념을 부정적인 차원의 내세인 지옥과 대비되는 긍정적인 차원의 내세로 제시합니다. 그리고 구원을 가능성의 이야기로 소개합니다. 구원은 정말 그런 이야기일까요? 지옥에 가지 않고 죽음 이후에 꽃길만 걷게 된다는 그런 이야기일까요? 우리의 믿음으로 마치 천국에 갈 수 있는 자격요건을 갖춘 것처럼, 천국 입장 패스를 거머쥔 것처럼 말입니다. 이런 방식으로 이해하기 시작하면, 구원은 실제적인 우리의 삶에서는 그다지 큰 의미를 가지지 못합니다. 영적인 차원의 이야기로, 죽음 이후를 보장해 주는 이야기로만 머무르게 되는 것입니다. 물론 죽음 이후의 삶이 준비되었다는 확신은 지금의 삶에 좋은 영향을 줄 수 있습니다. 하지만 현실의 삶이 그 영원한 삶에 비해 가치가 덜해 보이는 것도 사실입니다. 그래서 우리의 신앙생활에서 구원이라는 개념은, 그저 '구원의 확신이 있는가, 없는가!'라는 질문 안에서만 머물고, 지금 우리가 살아가는 삶의 이야기와는 접점을 잘 찾지 못한다고 생각합니다. 우리의 신앙에 대한 이해가 점점 편협해지는 이유 중 하나가 아닐까 생각합니다.

구원, 어그러진 삶을 벗어나 하나님과의 관계 속으로

어떤 생각이나 개념은 정언적인 형태가 아니라 조금 지루하더라도 긴 이야기를 통해 이해해야 하는 경우가 있습니다. 특히 지금과는 다른 시대 사람들이 자신들의 언어로 표현했던 것을 이해하기 위해서는 그들의 삶이 바탕이 된 이야기가 더더욱 필요합니다. 복음서 기자들은 우리가 '제2성전기'라고 부르는 시대를 살아가던 사람들(공동체)입니다. 예수님을 그리스도라고 신앙고백하며 그것을 토대로 삶과 세상을 해석했지요. 지금부터 그들의 세계관과 신학적 이해를 바탕으로, 구원과 하나님나라라는 말을 어떻게 이해하고 있었는지 함께 살펴보려 합니다.

눈높이 맞추기

성경 기자들은 신앙을 통해 세상을 이해했습니다. 하나님은 그들의 인식 가운데 구원의 하나님부터 시작해 창조의 하나님으로까지 확장되었습니다. 그리고 단순히 하나님이 세상을 창조했다는 이야기를 넘어, 욕심과 폭력으로 가득 찬 세상이 아닌 새롭게 향해야 할 지향점까지 향해 있었지요. 그렇게 그들이 꿈꾸던 세상이 창세기에 그려진 에덴이라는 상징에 투영되었습니다. 거기서 창조된 인간에 대한 이해는 그들이 꿈꾸던 하나님나라가 무엇인지 조금은 엿볼 수 있게 해줍니다.

이런 방식으로 구약 성경을 해석했던 이들은 아마도 제2성전기의 사람들이었을 것입니다. 많은 학자들이 구약 성경의 상당수가 이 시기에 갈무리되었다고 생각합니다. 그 시기의 사람들은 삶의 현실을 신앙의 맥락에서 해석해야 할 필요가 절실했습니다. 영원할 것 같았던 다윗의 왕가, 시온을 향한 약속들이 한순간에 무너졌기 때문입니다. 하나님의 선택받은 백성이라는 믿음은 무너졌고, 포로로 끌려가며 자신들의 모든 세계 역시 송두리째 무너졌습니다. 힘겹고 이해할 수 없는 삶의 자리에서 그들은 자신들의 상황을 해석하고 살아갈 의미를 찾아야 했습니다. 이때 그들이 내린 답은 바로 하나님의 심판이었습니다. 자신들이 하나님 뜻대로 살지 못했기 때문에, **하나님과 맺은 언약에 불성실했기 때문에** 하나님께서 자신들을 바빌로니아에 포로로 넘겨주었다고 해석한 것입니다. 1세기에 이르러서도 이런 상황이 여전히 해결되지 않은 채 계속되고 있다고 생각했던 사람들이 있었습니다. 자신들이 살아가고 있는 시대가 아직도 하나님나라로 회복되지 않았다고 말입니다.

초기 유대교(제2성전기 유대교)의 청사진을 그리는 것은 어려운 일입니다. 한때는 초기 유대교의 일반적인 요소들을 정리할 수 있다고 생각했던 반면, 요즘은 초기 유대교가 매우 다양한 형태를 가지고 있었다고 봅니다. 특히 사해문서가 발견되면서 이것이 증명되었습니다. 그래서 그 시기의 유대교를 연구하는 사람들은 초기 유대교의 다양한 형태에 주목하고 있습니다. 하지만 그 다양한 분파들도 어느 정도 공통된 요소들을 공유하고 있었습니다. 예를 들면 유일신에 대한 신앙, 우상숭배 금지 같은 것들이지요. 성전을 중요하게 여기며 무너진 성전의 회복을 바라며 이스라엘의 회복을 기다리던 모습도 그렇습니다. 이런 맥락에서 그들은 모세와 같은 하나님의 대리자 '메시아'(그리스도)를 기다렸습니다. 메시아가 회복의 메시지를 가지고 온다는 소식은 그들에게 기쁜 소식, 즉 복음이 된 것입니다. 새로운 시대가 열리고 다시 한번 하나님의 통치가 실현되는 이 이야기를, 그들은 구원과 하나님나라라는 말로 표현했습니다. 우리가 읽는 복음서는 이런 이야기들이 예수님을 통해 자신들의 삶에서 성취되었다는 해석이 담긴 신앙고백으로 볼 수 있습니다.

구원 이야기의 패러다임

복음서 기자들은 이 구원이라는 개념을 어떤 방식으로 생각하고 있었을까요? 그들은 먼저 이집트를 탈출한 이야기를 떠올렸던 것 같습니다. 구원이라는 패러다임을 설명할 때 그 이야기를 가장 적절한 이야기로 생각했고 그 안에서 자신들이 기대하고 있는 구원의 그림을 그린 것입니다. 예를 들면 유월절 모티프가 있습니다. 복음서 기자들이 예수님을 유월절의 어린양에 빗대어 해석하는 것은 어렵지 않게 발견할 수 있습니다. 십자가 사건이 벌어지는 시간적, 공간적 배경 역시 유월절과 연관이 있고요. 이해할 수 없었던 십자가에서의 죽음을, 유월절에 이집트를 탈출하는 이야기 속 어린양의 죽음처럼 해석한 것입니다. 어쩌면 복음서 기자들은 오래전 자신들의 조상이 겪었던 그 사건이, 지금 자신들의 삶에서 다시 현실로 드러나고 있다고 생각했는지도 모릅니다.

이런 맥락에서 이집트를 탈출한 이야기를 재구성해 보는 것은 의미가 있습니다. 그 이야기가 가진 패턴이나 특징들을 살펴보면, 우리는 복음서 기자들이 생각하는 구원에 대해 조금 더 잘 이해할 수 있을 것입니다. 요약하면 이렇습니다. 하나님께서 이집트에서 노예 생활을 하던 이스라엘 사람들을 탈출시키십니다. 그 이후 약속의 땅 가나안에 들어가 그 곳에 정착해서 살게 하십니다. 흔히들 이집트 탈출까지만을 생각하는데 가나안에 정착하는 것까지 하나의 이야기로 보는 것이 좀 더 적절합니다. 많은 사람들이 이 이야기에서 몇 가지 패턴을 찾아냈는데, 이를 다섯 단계로 정리해 볼 수 있습니다.

- 폭력에 의해 고통스러운 삶을 살아가는 이스라엘 사람들의 호소
- 하나님께서 응답하셔서 하나님의 대리자를 보내심
- 폭력의 세계로부터 이스라엘을 탈출시키심
- 하나님께서 그들과 언약을 맺으시고 하나님의 백성으로 받아주심, 이스라엘은 하나님을 주인으로 삼고 하나님의 뜻대로 살아갈 것을 약속함
- 그들에게 새로운 땅을 허락하시고 하나님의 뜻대로 살아가는 새로운 사회를 제시함

이 패턴을 살펴보면, 구원은 초월과 내세의 관점에서 이해하기보다는 삶의 현실과 맞닿아 있는 이야기로 보입니다. 구원은 폭력으로 압제당하던 사회에서 벗어나 자유의 삶을 얻게 되는 이야기입니다. 그래서 **사회정치적인 개념**으로 이해하기도 하지요. 이뿐만이 아닙니다. 또 다른 폭력에 노출되지 않기 위해, 그리고 자신들이 또 다른 폭력을 만들지 않기 위해 하나님의 뜻을 토대로 새로운 세상을 만드는 것과 관련된 것입니다. 이집트를 탈출해서 가나안에 이르기까지의 이야기 모두를 구원으로 보는 것이지요. 이렇게 본다면 탈출보다 탈출 이후의 이야기가 더 중요합니다. 그리고 무엇보다 언약이라는 요소가 중요하게 작용합니다. 사람들이 언약을 통해 하

나님의 뜻대로 살아가기를 결심하고, 하나님의 백성으로서 새로운 삶을 시작하기 때문입니다.

> 이제 너희가 정말로 나의 말을 듣고, 내가 세워 준 언약을 지키면, 너희는 모든 민족 가운데서 나의 보물이 될 것이다. 온 세상이 다 나의 것이다. 그러므로 너희는 내가 선택한 백성이 되고, 너희의 나라는 나를 섬기는 제사장 나라가 되고, 너희는 거룩한 민족이 될 것이다. 너는 이 말을 이스라엘 자손에게 일러주어라(출 19:5-6)

이집트를 탈출하는 이야기 속에서 시내산 언약(출 19)은 하나님과의 관계를 통한 새로운 정체성을 제시해 주는 것과 더불어, 삶의 중요한 전환점이 됩니다. 폭력을 떠나 하나님 뜻대로 살기를 결심하고 그의 백성이 되는 것이 이 언약 관계의 핵심입니다. 하나님은 언약의 당사자로서 사랑과 은혜로 그들을 당신의 백성으로 품어주십니다. 인간 역시 언약의 당사자로서 하나님을 섬기겠다는 신앙고백이 요구됩니다. 즉, '**어그러진 삶에서 벗어나, 하나님과의 언약 관계 속으로 들어가 새로운 삶을 사는 것**'이 구원의 핵심이라고 할 수 있습니다.

그렇다면 복음서 기자들의 생각 역시 마찬가지 아니었을까요? 그들이 생각한 구원 역시 이런 맥락에서 이해해야 하지 않을까요? 그들은 그 개념을 하나님의 용서와 회복의 메시지로 생각했습니다. 또한 그들에게 있어 구원은 어그러진 지금의 삶을 탈출하는 것보다는 '그렇게 탈출한 삶이 어느 곳을 향해야 하는가?'라는 질문에 더 가깝습니다.

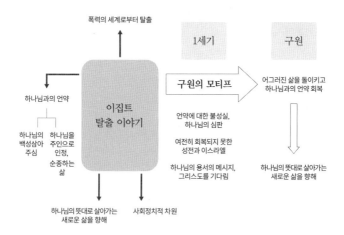

'천국, 하나님나라'라는 말

이제 천국, 하나님나라에 대해 생각해 봅시다. 흔히들 생각하는 대로 우리가 죽어서 이 땅을 벗어나 향하게 되는 내세일까요? 황금 길이 깔려 있고, 아픔과 고통이 없으며 모두가 부자가 되는 그런 행복한 곳일까요? 정말 예수님을 믿으면 구원을 받아, 죽음 이후 그곳에서 영원히 살 수 있는 것일까요? 이 이야기는 구원과 뗄 수 없는 이야기입니다. 따라서 구원에 대한 이야기를 계속 염두에 두고 하나님나라에 대한 이야기를 이어가야 할 것 같습니다.

눈높이 맞추기

언어라는 것은 생각보다 매우 복잡합니다. 언어학자들이나 철학자들의 생각을 들어보면, 어떤 단어에 담긴 개념을 이해하기 위해서는 많은 고민이 필요하다는 것을 알게 됩니다. 그중에 우리가 취할 수 있는 가장 기본적인 태도는 바로 이해의 눈높이를 맞추는 것입니다. 그 단어가 사용됐던 당시의 상황과 맥락을 이해해야 한다는 것이지요. 그중에 '세계관'은 참 흥미롭습니다. 어느 정도 같은 세계관을 가진 사람들끼리 공감대를 형성할 수 있기 때문입니다. 언어도 그렇습니다. 우리나라 사람들이 뜨거운 찌개를 먹으면서 '시원하다'라고 말하는 것을 다른 언어권의 사람들이 이해하기는 쉽지 않습니다. 혹 가능하다 해도, '개운함' 같은 말을 사용해서 설명하는 과정을 거쳐야 가능하겠지요. 성경은 대략 2천 년이 넘는 과거에 기록된 텍스트이고, 우리와는 다른 세계관을 가졌던 사람들이 다른 언어로 기록한 이야기입니다. 그 사람들의 세계관에 눈높이를 맞추는 것은 성경을 읽는 가장 기본적인 태도입니다.

많은 사람들이 기독교가 유대교와는 다른 새로운 종교로부터 출발했다고 오해합니다. 또 유대교는 율법을 지키는 행위를 통해 구원을 얻으려는 종교로 이해하면서, 기독교는 행위가 아닌 믿음을 통해 구원을 얻는 종교라고 생각합니다. 하지만 이런 생각에 동의하지 않는 사람들도 점점 많아지고 있습니다. 학자들의 연구를 통해, 유대교를 행위 중심의 종교로 규정하는 것은 적절하지 않다는 주장이 등장했기 때문입니다. 그래서 이제는 오히려 신약 성경 기자들의 세계관을 유대적인 맥락에서 이해해 보려는 움직임들이 많아졌습니다. 사실 신약 텍스트의 어떤 부분들이 유대적, 혹은 그리스적이라고 딱 잘라서 말하기는 어렵습니다. 그렇지만 예수님을 통해 시작된 이 움직임에서 유대적인 맥락을 제거하자는 생각에는 대다수가 동의하지 않는 것 같습니다. 이를 토대로 우리는 복음서 기자가 사용하는 '천국, 하나님나라'라는 단어의 의미 역시 유대적인 의미로 생각해 볼 수 있습니다. 톰 라이트의 말을 빌려보겠습니다. 그는 '예수가 살던 1세기에 천국이라는 말의 뜻은 이스라엘의 하나님이 왕이 되신다는 것을 유대적으로 말하는 방식이었다'라고 말합니다. 다시 말해 이말은 '하나님이 왕이 되신다'라는 의미이고, 왕이 된다는 것은 하나님이 자신들을 다스리고 통치하신다는 의미인 것이지요. 기독교 신앙의 목적이나 지향점으로 생각하는 천국이 장소적 차원이 아니라 하나님의 다스림이라는 의미라고 생각하기 시작한 것입니다. 물론 이런 이야기들을 예전부터 생각해왔던 내세를 중심으로 하는 방식과 절충해서 설명하려는 시도도 있습니다. 내세로서의 하나님 나라를 금은보화가 아닌, 하나님의 다스림으로 채우는 방식이지요. 하지만 구원이 내세를 지향하는 이야기가 아니었다는 것을 떠올린다면, 하나님나라와 내세와의 관계는 다시 생각해 보아야 합니다.

계속되는 오해

유대적인 맥락에서 하나님나라의 의미를 정의해도 이야기는 간단하지 않습니다. 한편으로는 하나님의 다스림을 마치 크리슨덤(christendom)으로 생각하는 경우도 있습니다. 하나님의 통치라는 개념을 일종의 기독교 사회나 국가가 되는 것과 동일시하는 것입니다. 그런 모습은 하나님의 뜻이 실현되는 사회라기보다는, 오히려 인간을 종교라는 영역 안에 가두어 두는 폭력이라고 생각합니다. 신앙은 삶을 어떻게 이해하고 어떤 가치를 붙잡고 살아가야 하는가와 맞닿아 있는데 말입니다. 이것은 심각한 오해입니다. 종교 안에서 형성된 가치들을 이용해 획일적인 사회를 만들려는 것 자체가 폭력이라고 할 수 있습니다.

다른 방식의 오해도 있습니다. 앞선 방식이 현실에만 관심을 둔다면, 이번에는 영적이고 신비스러운 차원에서만 이해하는 방식입니다. 이런 오해는 4장에서 언급했던 하나님의 뜻을 운명론적으로 생각하는 방식과 비슷합니다. 하나님의 다스림과 통치를, 개인의 운명 속에 정해진 하나님의 뜻을 찾고 순종한다는 차원에서 이해하는 것이지요. 이런 방식에서는 늘 모든 상황이 주님께서 주신 최선이고, 그분은 항상 자신의 뜻을 이루시며 우리를 언제나 좋은 방향으로 인도해 주신다고 생각합니다. 이것이 개인의 신앙고백이라면 뭐라 할 수 없겠지만, 문제는 이를 규범으로 여기고 타인에게 적용하는 경우입니다. 이 경우에는 누군가에게 일종의 종교적 폭력으로 나타나는 것이 대부분입니다. 예를 들면 끔찍한 사고를 당한 사람에게 찾아가 다짜고짜 하나님의 뜻을 운운하는 것처럼 말이지요. 하나님나라는 이렇게 개인적이거나 영적인 차원의 이야기가 아닙니다. 적어도 복음서에 나타난 예수님의 메시지는 그런 것이 아닙니다.

새로운 삶, 하나님나라 이야기

앞서 우리는 복음서 기자들이 여전히 하나님의 회복을 기다리고 있었음을 살펴보았습니다. 새로운 세상에 대한 기대와 열망이 복음서 기자들의 생각에 중요한 전제였다면, 하나님 나라는 구원의 관점에서 구체적으로 무엇을 표현하는 말이 었을까요? 우리가 살펴보았던 하나님의 뜻과 다스림이라는 의미를 생각해 본다면, **하나님나라는 그들이 살아갈 새로운 삶**과 맞닿아 있다고 할 수 있습니다. 다시 말해 그들이 지향 점으로 삼았던, **하나님의 뜻을 토대로 살아가는 삶과 사회를 가리키는 말**이라고 할 수도 있지요. 죄로 움직이는 사회가 아니라 하나님의 뜻을 토대로 살아가는 새로운 삶과 세상을 하나님나라라고 표현했던 것입니다. 말 그대로 새로운 세상 이 열린 것이지요. 그들은 제2성전기의 신앙고백들에 담겨있 던 많은 기대들처럼, 때가 되면 언젠가 하나님의 대리자가 나 타나 용서의 메시지를 전달해 줄 것이고, 이후 세상은 새롭 게 시작될 것이라고 생각했습니다. 이것이 그들이 그토록 기 다리던 기쁜 소식, 즉 복음입니다. 하나님의 대리자인 그리스 도는 그들에게 바로 이 소식을 가지고 오신 존재입니다.

복음서 기자들은 예수님을 신앙의 대상으로 묘사하거나 예수님의 말을 '나를 믿고 구원받아라'와 같이 표현한 적이 없습니다(요한복음은 조금 다르지만요). 예수님의 메시지는 '어떻 게 하면 구원받을 수 있는가'에만 관련된 이야기가 아닙니다. 그보다는 새로운 삶을 받아들이는 방식, 또 새로운 삶을 살 아가는 것과 관련이 있습니다. 예수님이 전하신 하나님나라는, 하나님의 뜻을 토대로 세상과 인간을 이해하는 삶이 중요한 가치로 내재된 사회입니다. 인간이 인간답게 사랑하며 살아가는 사회인 것입니다. 이 점을 잘 표현한 신학자 게르트 타이센의 글 중 일부를 인용해 봅니다.

그래요. 그는 서민들의 꿈을 꾸지요. 그는 부자와 권력자에게 기대지 않아요. 그러면 그는 대체 무엇을 원하는 걸까요? 이 서민들은 머리를 조아려야 하는 사람들이에요. 예수는 그들이 근심에서 자유로워지기를 바라지요. 그들은 자기 삶이 중요하다고 느끼거나 생각하지 못했던 사람들이에요. 예수는 그들에게 그들 자신의 삶이 가치 있다는 생각을 심어줘요(『갈릴래아 사람의 그림자』 중에서)

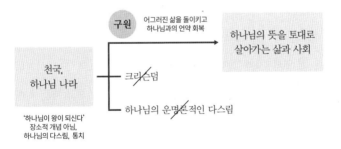

작은 제안

구원이나 하나님나라를 단편적으로 이해하지 않았으면 좋겠습니다. 예수님을 믿는 '순간', 죽음에서 건져지고 죽은 후에는 무조건 천국에 간다는 식으로 말입니다. 그런 방식으로는 우리의 신앙생활에 어떤 질문과 고민도 들어오지 못합니다. 그저 누군가의 구원 여부만을 판단하는 종교적인 신념이 될 뿐이지요. 구원은 어느 한순간에 얻게 되는 특별한 자격이 아닙니다. 하나님의 뜻으로 삶과 세상을 이해하는 방식이자 가치입니다. 우리들의 삶에 계속해서 질문을 던져줄 그런 이야기 말입니다.

기독교가 세상과 분리된 채 초월적이고 영적인, 내세에만 관심을 두고 있다고 오해하지 맙시다. 성경 기자들이 신앙이라고 생각했던 것을 살펴보면, 오히려 자연스럽게 우리가 살아가는 이 세상을 향해 눈을 돌리게 됩니다. 하나님의 뜻이라는 가치가 실현되는 세상을 만들기 위해 고민하는 것이 우리가 할 수 있고 또 해야 할 일이 아닐까요? 앞서 언급했던 것처럼, 우리에게는 여전히 폭력과 배제, 혐오에 노출되어 있는 많은 이웃들이 있습니다. 갈릴리 사람들에게 찾아가 그들에게 '인간다움'에 대해 이야기하셨던 예수님의 그 메시지를 오늘 우리들의 신앙 안에서 과연 찾아볼 수 있을까요? 만약 그렇지 못하다면 우리는, 우리들의 신앙을 예수님의 발자취로 다시금 돌이켜야 할 것 같습니다. 앞으로는 구원의 은혜가 필요한 사람들이 누구인지 관심을 가져보는 것은 어떨까요? 우리가 그랬던 것처럼, 우리의 신앙이 새로운 삶을 꿈꾸게 할 또 다른 구원의 이야기가 될 수 있다는 것을 잊지 맙시다.

개인적인 이야기

'우리가 믿는 기독교 신앙에 만약 천국이 없다면, 나는 신앙을 가질 이유가 없다고 생각한다' 20여 년 전에 제가 했던 말입니다. 누구나 살아오면서 이불킥을 하고 싶은 과거가 있다지만, 저는 이 말이 정말 후회스럽습니다. 가끔 이 기억이 떠오를 때마다 이걸 들었던 모두에게 찾아가 사과하고 싶은 마음이 들 정도로요. 대부분 그렇듯이, 저에게도 죽어서 가게 되는 천국, 하나님나라는 신앙의 가장 큰 이유였습니다. 기독교는 인격적인 수양을 하는 종교가 아니라고, 예수님을 믿고 천국에 가는 것이 핵심이라고 말하기도 했습니다. 사실 처음에는 천국이 무엇인지에 관심이 없었습니다. 그저 죽음 이후에 나에게 긍정적인 세계가 있다는 게 중요했을 뿐이었습니다. 문제는 계속되는 신앙생활 중에 여기저기에서 천국

이야기를 듣기 시작했다는 것입니다. 그 이야기들의 핵심은 대부분 돈, 재물이었습니다. 간단하게 말하면, '천국에 가면 믿음이 좋은 순서대로 혜택을 받는다'라는 식이었지요. 이 세상에서의 삶은 영원한 내세를 위해 믿음을 쌓는, 일종의 투자인 셈이었습니다.

어쩌면 기독교에서 금기로, 또 거룩하지 못하다고 여기는 가치들을 죄다 천국으로 옮겨놓은 것이 아닐까요? "그런즉 너희는 먼저 그의 나라와 그의 의를 구하라 그리하면 이 모든 것을 너희에게 더하시리라"(마 6:33)라는 구절을 묵상하면서, '이 모든 것'이라는 말에 자신이 갖지 못한 모든 욕심을 쏟아붓는 것이지요. 그렇게 현재의 삶을 상대적으로 덜 중요하게 여기며, 천국만 바라보는 삶을 마치 신앙인 것처럼 착각합니다. 단추를 하나 잘못 끼우면 모두가 틀어지듯이, 어쩌면 이것도 여러 오해들이 덕지덕지 붙고 틀어지며 만들어진 무서운 신학(신앙)적 괴물이 아닐까요? 이제는 오해를 벗어나 구원과 하나님나라 이야기가 새로운 가치를 붙잡고 살아가는 삶의 이야기가 되었으면 합니다.

6장

**새로운 삶으로의 돌이킴,
방향성의 전환**

: 회개

신앙에 대한 또 다른 해석과 마주하다

기독교는 모든 인간을 죄인이라고 말합니다. 특별히 원죄라는 개념으로 죄를 이해하는 사람들에게 이 말은 인간을 정의하는 존재론적인 선언과도 같습니다. 인간은 죄에서 영원히 벗어날 수 없다는 것이지요. 여기서 그리스도의 십자가가 반드시 필요해집니다. 그리스도의 십자가가 영원한 죄에서 인간을 해방시켜주기 때문이지요. 하지만 모든 사람들에게 그 은혜가 주어지진 않습니다. 회개하고 그리스도를 믿어야 그 은혜를 얻게 됩니다.

회개는 기독교에서 매우 중요합니다. 하지만 구원, 하나님 나라, 믿음 같은 이야기들보다 상대적으로 적은 관심을 받습니다. 심지어 가끔은 회개라는 개념이 빠진 채 신앙을 이해하기도 합니다. '예수님이 나를 구원하셔서 이제 죄로부터 자유로운데, 왜 계속 회개해야 되는가?'라는 식으로 말이지요. 오히려 그런 모습이야말로 하나님의 은혜를 신뢰하지 못하는 것 아니냐고 반문하기도 합니다. 이번에는 '회개'에 대해 함께 이야기해 보겠습니다.

신앙의 핵심적인 이야기, 회개

공관복음서라고 부르는 세 권의 복음서는 예수님의 이야기에 앞서 한 사람을 언급합니다. 바로 요한입니다. 복음서 기자들은 그를 회개의 메시지(마 3:1-2)를 전했던 사람으로 묘사합니다. 예수님 역시 활동을 시작하시면서 '하나님나라'와 함께 회개에 대해 말씀하십니다.

> 때가 찼고 하나님의 나라가 가까이 왔으니 회개하고 복음을 믿으라(막 1:15)

복음서의 표현을 유심히 보면, 회개는 하나님의 은혜가 자신들에게 찾아왔을 때 거기에 반응하는 태도로 보입니다. 다시 말해 하나님나라가 임박했을 때 인간의 반응으로 나타나야 할 종교적인 행위라 할 수 있지요. 요한이 메시지를 전달하는 부분도 살펴보면, 그는 일종의 종교적인 예식으로 세례를 행하고 동시에 회개의 메시지를 전달합니다. 그리고 하나님나라가 가까이 왔다는 소식을 전하며 스스로를 깨끗하고 정결하게 준비해야 한다고 말합니다. 이것은 너무도 당연한 이야기입니다. 복음서 기자들은 자신들이 하나님의 용서를 기다리고 있다고 생각했습니다. 하나님의 용서를 기다리면서 잘못을 뉘우치지 않거나 종교적으로 정결하지 않은 모습을 보이는 것은 매우 부적절하지요. 그런 면에서 회개는 하나님나라의 은혜에 참여하고자 하는 사람들에게 중요한 태도입니다.

삶의 방향을 돌이키는 이야기

그렇다면 회개는 정확하게 어떤 의미일까요? 먼저 언어 자체의 의미를 살펴보면, 회개는 그리스어로 '메타노이아'라는 말을 번역한 것입니다. 이 단어는 '생각이나 마음을 바꾼다'는 의미가 있습니다. 물론 복음서 기자들이 이 단어를 일상생활 속에서 흔히 마음이 바뀌는 경우를 가리키고자 사용한 것은 아닙니다. 그들은 이 말에 종교적인 의미를 담았는데, 신앙의 맥락에서 무언가 생각이나 마음을 바꿀 필요가 있었다는 것입니다. 무엇일까요? 바로 **삶의 목적과 방향**입니다. 이것은 도덕적인 반성과는 조금 다릅니다. 원죄라는 불투명한 개념에 기대는 것도 아닙니다. 우리가 존재론적으로 죄인인데 그것을 어떻게 반성할 수 있겠습니까? 할 수 있다 해도 과연 의미가 있을까요? 아무리 반성해도 우리의 본질은 죄인일 뿐 인데요. 그보다는 삶의 맥락에서 생각해 보자는 것입니다. 하나님의 뜻과 반하는 세계관 속에서 살던 삶을 돌이킨다는 의미로요. 이런 신앙고백은, 앞서 살펴본 언약의 맥락에서 **다 시금 언약의 당사자로서 책임과 의무를 다하겠다는 선언과** 도 맞닿아 있습니다. 이제까지 하나님과의 언약에 불성실했 다면, 삶을 다시 언약의 내용대로 돌이키겠다는 선언이 바로 회개라는 것입니다. 복음서 기자들 역시 이런 방식으로 회개 를 이해하지 않았을까요? 만약 하나님께서 자신들을 용서하 셔서 그리스도를 통해 화해의 메시지를 보내시고, 하나님나 라의 새로운 삶을 그들에게 허락하신다면, 자연스럽게 그에 대한 반응으로 이런 회개가 수반되어야 한다고 말입니다.

회개에 알맞은 열매

종교적인 행위가 언제나 초월적이고 신비스러운 것만은 아닙 니다. 회개는 마치 왼쪽을 보며 걷다가 이제는 돌아서서 오 른쪽을 보며 걷는 것과 같습니다. 이전의 삶의 방식에서 어 느 순간 마음을 바꿔 새로운 삶의 방식을 좇아 살아가는 것 입니다. 그래서 회개를 '**삶의 방향성의 전환**'이라고 표현할 수 있습니다. 이런 전환은 삶에 대한 이해와 태도가 변하면 자연스럽게 드러날 수밖에 없습니다. 마치 바라보는 방향으로 걸어갈 수밖에 없는 것처럼요. 기독교에서는 이런 변화를 '열매'라 부르기도 합니다.

복음서에서 요한은 '회개에 알맞은 열매'(눅 3:8)를 맺으라고 말합니다. 특히 누가복음 기자는 이에 관해 조금 더 자세하게 기록하고 있는데요. 다른 복음서에서는 '회개에 알맞은 열매를 맺으라'는 요한의 말만 전달되는 반면, 누가복음에서는 사람들의 질문이 이어집니다.

> 무리가 요한에게 물었다. "그러면 우리는 무엇을 해야 합니까?" 요한이 그들에게 대답하였다. "속옷을 두 벌 가진 사람은 없는 사람에게 나누어 주고, 먹을 것을 가진 사람도 그렇게 하여라." 세리들도 세례를 받으러 와서, 그에게 물었다. "선생님, 우리는 무엇을 해야 하겠습니까?" 요한은 그들에게 대답하였다. "너희에게 정해 준 것보다 더 받지 말아라." 또 군인들도 그에게 물었다. "그러면 우리들은 무엇을 해야 하겠습니까?" 요한이 그들에게 대답하였다. "아무에게도 협박하여 억지로 빼앗거나, 거짓 고소를 하여 빼앗거나, 속여서 빼앗지 말고, 너희의 봉급으로 만족하게 여겨라"(눅 3:10-14)

이 이야기는 누가복음 기자가 회개에 알맞은 열매를 어떻게 이해하고 있는지를 보여줍니다. 이 속에는 세리와 군인들이 해야 할 일들이 담겨 있습니다. 하지만 세리와 군인들만 회개에 알맞은 열매를 맺어야 하는 건 당연히 아닙니다. 그보다는 **각자의 삶의 자리에 따른 다양한 방식**으로 드러나야 한다는 것이지요. 즉, 이전의 삶에서 새로운 방향으로 돌이키고, 이후 각자의 삶의 정황에 알맞은 방식으로 고민하고 행동하라는 것입니다. 또한 아무리 세례에 참여한들, 회개에 알맞은 열매가 드러나지 않는다면 의미가 없다는 것입니다. 회개를 통해 새로운 삶을 살아간다면, 그에 따른 새로운 모습이 드러나야 한다는 것입니다.

그런데 문제는 새로운 방향의 삶이 시작되었음에도, 여전히 옛 방식과 습관으로 돌아갈 때가 있다는 것입니다. 우리가 실수나 연약함 때문이라고 말하는 바로 그것입니다. 그때 우리는 또다시 회개라는 말을 떠올립니다. 이렇듯 회개하고 돌이켰다고 해도, 순식간에 완전히 새로운 삶을 살아가게 되진 않습니다. 간혹 극적으로 변하는 사람들도 있지만요. 사람에 따라 '성숙의 차이'가 있다는 말입니다. 누구는 마치 무협지의 고수처럼 엄청난 내공을 가지고 한 번에 큰 걸음을 걸어갈 수도 있겠지만, 아직 덜 성숙한 사람은 보통의 한 걸음도 제대로 내딛지 못할 수 있다는 것입니다. 너무도 당연합니다. 열매는 완벽한 결과를 가리키는 것이 아닙니다. 자신의 삶을 돌이킨 이후부터 드러나는 크고 작은 흔적들이지요. 다만 차이는 있겠지만 새로운 삶의 방향에 맞게 반드시 드러날 수밖에 없다는 것입니다.

이것은 생각보다 무거운 이야기입니다. 회개는 삶의 방향과 목적을 돌이키는 것이고, 다시 하나님의 뜻대로 살아가겠다는 신앙고백입니다. 따라서 회개가 없다면 우리의 신앙과 구원에 대해 다시 한번 진지하게 생각해 보아야 합니다. 만약 구원받았다고 말하면서도 여전히 자신의 욕심과 세상의 가치만을 좇아 살아가고 있다면, 그것을 신앙이라고 할 수는 없습니다. 열매가 그 삶의 방향을 보여주기 때문입니다.

두 가지 측면

우리는 어느새 회개라는 말을 두 가지 측면에서 사용하고 있습니다. 처음 하나님의 은혜에 반응하며 신앙을 시작할 때 내리는 새로운 삶을 향한 결단과 그 이후 실수하는 순간마다 내리는 돌이킴의 결단, 이렇게 두 가지입니다. 처음이 신앙생활의 핵심적인 의미를 가진 사건이라면, 두 번째는 성숙의 이야기와 맞닿아 있는 이야기라고 할 수 있습니다.

일반적으로 우리는 회개라는 말을 두 번째 경우에 많이 사용합니다. 구원을 확신하는 이들은 첫 번째 맥락의 회개를, 구원받은 이후부터는 거의 언급하지 않습니다. '예수님 믿고 구원받는다'라는 이야기 속에서 회개는 그리 비중 있게 다뤄지지 않습니다. 왜냐하면 믿는 그 즉시 구원과 신앙의 여정이 시작된다고 오해하기 때문입니다. 여기서 믿음은 그저 역사적 사실임을 인정하는 지적 동의일 뿐입니다. 하지만 이 지적 동의는 구원과 신앙에 매우 큰 지분을 차지하고 있습니다. 믿었다는 가장 중요하고도 핵심적인 과정을 넘었으니 이후의 새로운 삶은 부차적인 차원에서만 다뤄지는 것이지요. 회개는 십자가 은혜에 대한 보답으로 이전보다 도덕적으로 조금 더 나아진 '착한' 삶 정도에 머무르게 됩니다. 억지스러워 보일 수 있지만, 굳이 회개를 이렇게 두 가지 측면으로 구분한 이유도 여기에 있습니다. 많은 사람들이 이 첫 번째 맥락의 회개에 대해 그리 중요하게 생각하지 않기 때문입니다.

쉽지 않은 이야기

피에르 부르디외라는 인류학자가 제시한 '아비투스'(Habitus)라는 개념이 있습니다. 아비투스란 사회적 환경과 경험을 통해 내면화된 습관, 태도, 사고방식, 행동양식 등을 포괄하는 개념으로, 그렇게 형성된 무의식적인 어떠한 성향을 의미합니다. 성서학자 존 M. G. 바클레이는 자신의 저서에서 이 개념을 차용합니다. 그는 문화가 어떤 특수한 규칙들보다도 더 깊은 차원에서 세상을 바라보는 방식을 형성시키는 '지속되고 전달 가능한 성향들의 체계'에 의해 작동된다고 말합니다. 간단하게 말하면, 문화에 내재한 어떤 근원적인 체계라고 해야 할까요? 우리는 이 **아비투스라고 하는 일종의 체계를 통해 무언가에 대한 가치의 여부를 판단하게 된다**는 것입니다. 가치가 있다고 여겨지는 것을 토대로 삶의 방향을 결정하고, 그 방법 역시도 영향을 받게 된다는 것입니다. 사람이 태어나면서부터 이미 속한 사회로부터 자연스럽게 체득되고 학습된 이 아비투스가 쉽게 바뀔 수는 없습니다. 나와 함께 있는 모든 사람들이 너무도 당연시하며 살아가는 방식이니까 말입니다. 그런데 바울은 그리스도를 통해 이 아비투스, 즉 자신의 세계 자체가 뒤집힌 것처럼 이야기합니다.

[그러나] 나는 내게 이로웠던 것은 무엇이든지 그리스도 때문에 해로운 것으로 여기게 되었습니다. 그뿐만 아니라, 내 주 예수 그리스도를 아는 지식이 가장 고귀하므로, 나는 그 밖의 모든 것을 해로 여깁니다. 나는 그리스도 때문에 모든 것을 잃었고, 그 모든 것을 오물로 여깁니다. 나는 그리스도를 얻고, 그리스

도 안에 있는 사람으로 인정받으려고 합니다. 나는 율법에서 생기는 나 스스로의 의가 아니라, 그리스도를 믿는 믿음으로 말미암아 오는 의 곧 믿음에 근거하여, 하나님에게서 오는 의를 얻으려고 합니다. 내가 바라는 것은, 그리스도를 알고, 그분의 부활의 능력을 깨닫고, 그분의 고난에 동참하여, 그분의 죽으심을 본받는 것입니다(빌 3:7-10)

바울은 마치 자신이 세상을 이해하는 방식, 즉 아비투스가 변했다고 말하는 것 같습니다. 이전까지 소중하게 여겼던 것들을 이제는 해로운 것으로 생각하게 되었다고 말합니다. 그리스도로 인해 가치 판단의 척도가 변했다는 것이지요. 이런 바울의 생각은 고린도서에서도 묻어나고 있습니다.

십자가의 말씀이 멸망할 자들에게는 어리석은 것이지만, 구원을 받는 사람인 우리에게는 하나님의 능력입니다(고전 1:18)

우리는 십자가에 달리신 그리스도를 전합니다. 그리스도가 십자가에 달리셨다는 것은 유대 사람에게는 거리낌이고, 이방 사람에게는 어리석은 일입니다. 그러나 부르심을 받은 사람에게는, 유대 사람에게나 그리스 사람에게나, 이 그리스도는 하나님의 능력이요, 하나님의 지혜입니다(고전 1:22-24)

1세기 문화에서 십자가는 수치와 불명예의 상징이었습니다. 하지만 바울은 오히려 이 십자가를 통해 하나님의 지혜와 능력이 나타났다고 말합니다. 똑같은 사건을 바라보면서도 그 의미를 해석하는 가치판단의 기준이 달라졌기 때문입니다. 세상의 아비투스와 달리, 하나님께서는 십자가를 통해 새로운 아비투스, 즉 하나님나라의 방식을 보여주셨습니다. 이것이 바로 바울에게 삶의 전환이 일어난 이유입니다. 새로운 가치를 좇아 살아가는 삶을 발견하게 된 것입니다.

회개는 이렇게 삶의 근본적인 아비투스가 전복되는 사건입니다. 하나님의 은혜에 반응함으로 이전의 삶의 방식을 '죄'라고 고백할 수 있는 사람들에게 이 돌이킴은 시작됩니다. 그렇기에 회개는 신앙에 있어 매우 핵심적이고 중요한 표지가 될 수 있습니다. 사실 그렇게 선택한 새로운 삶도 그리 매력적이진 않습니다. 하나님의 뜻은 우리에게 익숙한 욕심과 폭력이 아니기 때문입니다. 그래서 회개하고 새로운 삶을 선택한다는 것은 더더욱 쉽지 않은 이야기입니다. 이런 맥락에서 예수님도 이 새로운 삶을 많은 사람들이 향하지 않는 좁은 문(마 7:13)이라고 말씀하신 것 아닐까요?

폭력적인 회개의 반복

그렇다면 두 번째 맥락에서의 회개는 상대적으로 괜찮을까요? 안타깝게도 이 역시 만만치 않습니다. 이해를 위해 어느 한 아이의 상황을 상상해 봅시다. 아이는 어느 날 놀러간 친구네 집에서 평소 갖고 싶던 장난감을 집으로 몰래 가져옵니다. 집으로 돌아와서는 그걸 가지고 신나게 놀았지요. 그런데 밤이 되자 죄책감이 몰려왔고, 그래서 울면서 회개의 기도를 드립니다. 그러자 마음의 평안이 찾아와 감사한 마음으로 잠자리에 듭니다. 다소 작위적이고 유치한 이야기 같지만, 저는 이 이야기가 우리가 회개에 대해 오해하는 전형을 보여준다고 생각합니다. 무엇이 핵심일까요? 바로 회개의 대상이 없다는 것입니다. 먼저 용서를 구할 대상은 하나님이 아닙니다. 훔친 장난감이 하나님의 장난감이 아니기 때문이지요. 아이의 기도에는 잘못된 행동 때문에 피해를 본 상대방이 빠져 있습니다. 자신의 그런 행동이 잘못됐다고 생각한다면, 당연히 그 친구에게 장난감을 돌려주며 용서를 구해야 합니다. 그 친구와는 해결된 것이 아무것도 없는데 하나님께서 우리를 용서해 주셨다고 할 수 있을까요? 그런 생각이야말로 회개라는 신앙고백을 폭력의 형태로 바꾸고 있다고 생각합니다. 이런 폭력은 사회 속에서도 종종 문제로 드러납니다. 회개라는 미명하에, 잘못된 모습들을 돌이키지 않고 여전히 개인과 사회를 향해 폭력적인 모습을 보이는 모습도 어렵지 않게 볼 수 있는 것 같습니다.

심지어는 상대방에게 용서를 구할 때도 매우 폭력적인 행태를 보입니다. '내가 이렇게까지 사과하는데, 너도 신앙인이면 예수님의 뜻을 따라 용서해줘야 하는 것 아니냐?'라며 용서를 강요합니다. 혹은 어떤 방식으로든 자신은 '유감'을 표했으니 할 바를 다했다는 식으로 말이지요. 용서를 피해자에게 강요할 수는 없습니다. 이는 상식입니다. 하지만 우리는 피해자를 잠시 배제한 채 하나님이 우리를 이미, 먼저 용서하셨다고 생각하는 경향이 있습니다. 그런 방식이라면 하나님은 피해자의 편이 아닌, 오히려 가해자의 편에서 대신 용서하시는 분이 됩니다. 자신을 용서하신 하나님의 사랑을 이야기하지만, 상대방에게는 그것이 폭력을 정당화하는 수단으로밖에 보이지 않습니다. 자신의 죄책감을 감추기 위해, 아니면 애초에 최소한의 죄의식조차도 떠넘기기 위해 책임을 회피하고 있는 것이지요. 거기에 이 모든 문제가 자신 때문이 아니라, 악한 영, 사탄이 한 짓이라는 방식으로 회피한다면, 이건 말 그대로 최악입니다. 이것만큼 폭력적인 이야기가 또 있을까요?

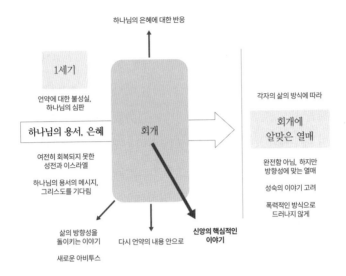

하나님의 은혜에 대한 반응

1세기

언약에 대한 불성실, 하나님의 심판

하나님의 용서, 은혜

회개

각자의 삶의 방식에 따라

회개에 알맞은 열매

여전히 회복되지 못한 성전과 이스라엘

하나님의 용서의 메시지, 그리스도를 기다림

완전함 아님, 하지만 방향성에 맞는 열매

성숙의 이야기 고려

폭력적인 방식으로 드러나지 않게

삶의 방향성을 돌이키는 이야기

새로운 아비투스

다시 언약의 내용 안으로

신앙의 핵심적인 이야기

작은 제안

저는 신앙인을 가장 신앙인답게 만드는 것이 바로 '회개'라고 생각합니다. 회개에는 지금의 삶이 잘못되었다는 판단과 더불어 돌이켜야 할 지향점이 있어, 우리의 가치판단 기준이 어디에 있는지를 보여줍니다. 그 가치판단의 중심에 하나님의 은혜로서 그리스도가 있다는 것이 신앙인의 삶과 다른 이의 삶을 구별하는 척도가 되는 것이지요.

회개가 신앙인들에게 그다지 비중 있게 다가오지 않는 것 같아 안타깝습니다. 신앙은 종교적인 어떤 것이 아닌 그리스도인 각자의 삶에서 드러납니다. 새로운 삶에 합당한, 회개에 알맞은 열매들을 통해 나타납니다. 하나님의 은혜이신 그리스도를 발견하고, 하나님나라의 아비투스를 발견한 사람들의 삶은 이전과는 분명히 달라질 것입니다. 따라서 우리는 내 삶의 목적과 방향이 올바른지, 나는 지금 무엇을 위해 살고 있는지 늘 고민해야 합니다. 성경의 신앙공동체들은 독자들을 초청하고 있습니다. 그런 새로운 삶에 자신들과 함께 참여하지 않겠냐고 말이지요. 우리는 신앙의 여정을 시작하면서 이 돌이킴의 이야기를 더 비중 있게 생각해야 하지 않을까요?

개인적인 이야기

처음 교회에 가서 기독교의 메시지를 들었을 때 매우 당황했던 기억이 납니다. 신이 존재한다는 사실보다 더 충격적이었던 것은, 바로 제가 죄인이라는 얘기였습니다. 당연히 범죄는 저지르지 않았고 특별히 모나지 않게 착실하게 살아온 제가 죄인이라니요! 그것도 영원히 벗어날 수 없는 죄인이라고 말이지요. 매우 고압적인 자세로 제가 죄인이라고 설득하던 모습이 기억납니다. 이것이 비단 저에게만 있었던 상황은 아닐 것입니다. 여러 곳을 통해 흘러나오는 기독교의 메시지들을 잘 살펴보면, '우리는 죄인이다'라는 명제가 중요한 전제로 자리하고 있습니다. 자신이 왜 죄인인지 반문하는 사람들을 대하는 태도도 준비되어 있습니다. '그렇다면 살아오면서 단 한 번도 거짓말을 하거나 나쁜 행동을 한 적이 없으십니까?'라고 말이지요. 이 질문은 인간은 누구나 구원이 필요하다는 결론을 이끌어내기 위해 필요합니다. 자신이 죄인이라는 정체성을 가지지 못한다면, 그리스도의 십자가는 아무런 의미를 갖지 못하기 때문입니다. 어쩌면 회개는 이렇게 도덕적인 죄책감을 자극해서, 잘못을 인정하게 하는 윤리적인 충고 정도에만 머물고 있는지도 모르겠습니다. 그러면서 세상을 향해서는 비상식적이고 폭력적인 방식의 메시지로 변해 있는 것이지요.

길지 않은 신앙생활 속에서 저를 끊임없이 괴롭혀 온 질문은 바로, '내가 진짜 그리스도인인가?', '내가 정말로 회개에 알맞은 열매를 맺으며 살아가고 있는가?'였습니다. 그런데 어느 순간 그동안의 삶을 뒤돌아봤을 때 의외로 제가 많이 변했다는 점을 발견했습니다. 돈과 명예, 권력을 좋아하던 제가 그래도 조금은 다른 방향을 꿈꾸려 노력하고 있다는 것을 발견했거든요. 그렇게 **매일매일 한 걸음씩** 걷다가 가끔 우리의 지난 삶을 되돌아볼 때 비로소 우리의 삶이 어디를 향하고 있는지 발견할 수 있게 되지 않을까요? 저는 그 지난한 고민의 흔적들이 앞으로의 방향을 좀 더 명확하게 보여줄 것이라고 생각합니다. 그래서 저는 'He's changing me'라는 찬양을 좋아합니다.

　　매일 매일 조금씩
　　매일 매일 변하지요

7장

하나님과 함께 하는
관계에 대한 이야기
: 믿음

✦ 신앙에 대한 또 다른 해석과 마주하다

믿음이라는 말만큼 우리를 혼란스럽게 하는 것이 또 있을까요? 믿음은 교회에서 듣고 배우는 여러 이야기들 중 독보적으로 많이 언급됩니다. 하지만 가장 많이 듣고 말하는 이야기임에도 여전히 뭐라고 표현하기 어려운 것 같습니다. 우리가 '믿음'이라고 말하는 것은 도대체 무엇일까요? 뭉뚱그려 알고는 있지만, 명확히 그 의미를 말하진 못합니다. 믿음은 매우 다양한 측면에서 생각되기 때문입니다. 과연 우리는 '믿음은 이런 이야기다'라고 정의내릴 수 있을까요?

구분

바울의 편지에서는 '믿음'을 매우 강조합니다. 특히 바울이 로마에 보낸 편지에 담긴 '믿음으로 의롭게 된다'(롬 3:28)라는 말은, 종교 개혁의 전통을 따르는 신앙에 있어 가장 중요한 메시지입니다. 많은 이들이 이 말을 우리가 의롭게 되기 위해서는 다른 어떤 행위가 아닌 믿음이 필요하다는 의미로 읽습니다. 우리의 어떤 노력이나 방법이 아니라, 하나님의 은혜에 기대어 오직 믿음을 통해 의롭게 된다는 것입니다. 여기서 '의롭다'는 말은 죄가 없는 것처럼 (간주)되어 구원받았다는 말과 동의어처럼 이해됩니다. 이렇게 구원론의 맥락에서 생각한다면 믿음, 즉 예수님을 믿는 믿음은 구원을 얻기 위한 일종의 수단으로 강조됩니다.

구원에 이르는 믿음

그럼 예수님을 믿는다는 말은 대체 어떤 의미일까요? 앞서 언급했던 전도 프로그램의 전형적인 메시지들을 떠올려 봅시다. 그 메시지들이 다 전달된 후 꼭 마지막에 하는 순서가 있는데, 바로 '영접 기도'입니다. 복음을 다 듣고 난 이후, 이 이야기를 '믿으면' 함께 예수님을 영접하는 기도를 하자고 권유하는 과정인데, 대부분 전도자가 하는 기도를 따라서 함께 기도하는 식으로 진행됩니다. 그러고 나면 대부분 이렇게 이야기합니다. '저를 따라서 영접기도 하시고 제가 말씀드렸던 복음을 믿는다고 입으로 시인하셨으니 이제 당신은 구원받았습니다. 가까운 교회에 출석하셔서 신앙생활 하시길 바랍니다'라고 말입니다. 이 과정을 보면 믿는다는 것은 '전달된 메시지들을 사실로 받아들이는 것'과 비슷한 것 같습니다. 인간의 죄와 심판, 그리고 그리스도로 인한 구원을 '복음'으로 정의하고, 이를 '사실로 받아들인다면' 믿는다고 생각하는 것입니다. 마치 인지적인 차원의 이야기 같습니다. 이런 맥락에서 이해하는 방식을, 많은 이들이 말하는 '구원에 이르는 믿음'이라고 표현해 보겠습니다.

신앙생활에서 드러나는 믿음

흥미로운 점은, 우리가 신앙생활을 하면서 '구원에 이르는 믿음'과는 다른 의미의 '믿음'이라는 말을 사용한다는 것입니다. 예를 들면 어떤 불안한 일이 닥쳤을 때 하나님을 의지하고 기도하지 않는 사람들을 믿음이 없다고 말하는 경우입니다. 이때 '믿음'은 어떤 의미로 사용된 것일까요? 이는 하나님을 신뢰하는 일과 믿음을 동일시하는 것처럼 보입니다. 앞서 이야기했던 '구원에 이르는 믿음'과 이 '믿음'은 분명 다른 맥락이라고 할 수 있습니다. '구원에 이르는 믿음'이 인지적인 차원의 믿음이었다면, 이 '믿음'은 신앙생활을 하면서 하나님을 향해 보여야 할 신뢰이자 성실한 태도라고 할 수 있습니다. 사실 '구원에 이르는 믿음'이라는 표현 자체가 그것과 구분되는 다른 맥락의 믿음이 있음을 암시하고 있긴 합니다. 우리는 일반적으로 믿음을 이야기할 때 은연중에 이 둘을 혼용하고 있습니다.

바울이 사용하는 믿음의 용례

그렇다면 신약 성경에서 '믿음'이라는 말을 가장 많이 사용하는 바울은 어떨까요? 바울의 입장은 저 둘 중 어느 것이었을까요? 바울도 두 믿음을 정말로 구분해서 사용했을까요? 바울이 사용했던 '믿음'은 그리스어로 '피스티스'입니다. 바울은 이 단어를 다양하게 사용하고 있습니다. 그래서 그런지 맥락에 따라 조금씩 다른 의미를 표현하는 것처럼 느껴집니다. 상황에 따라 각각 다른 말로 번역된 경우(갈 5:22, 빌 1:27)도 있지요. 많은 사람들이 다양성에 주목해서 바울이 사용한 피스티스의 용례에 대해 연구했습니다. 여기서는 니제이 K. 굽타가 정리한 결과를 토대로 이야기해 보겠습니다. 몇 가지 더 세분해서 생각해 볼 수도 있지만, 크게는 세 가지 정도입니다. '인식론적인 관점'에서의 의미, 하나님을 향한 인간의 '헌신 내지는 충성과 굳건한 태도'로서의 의미, 언약이라는 범주 안에서의 '신뢰'라는 의미가 그것입니다. 흥미롭게도 바울은 편지의 종류에 따라 이 말을 각각 다른 의미로 사용합니다. 이를 통해 우리는 바울이 이 말을 우리가 지금 사용하는 '믿음'보다 훨씬 더 폭넓고 다양한 함의를 가진 말로, 또 상황에 따라 다른 강조점을 두며 사용하고 있음을 알 수 있습니다.

인식론적인 차원의 의미

바울은 고린도서를 중심으로, 피스티스를 **인식론적인 차원**에서 사용하고 있습니다. 여기서는 무언가를 지적으로 동의하거나 받아들이는 것을 넘어 **무언가를 깨닫는 것**과 비슷한 의미라고 볼 수 있습니다. 바울의 모든 편지가 그렇지만, 고린도서는 특히나 그 상황에 대한 이해가 필요합니다. 고린도전서의 서두에는 지혜라는 키워드가 계속해서 등장하는데, 그 이유는 고린도 교회의 어떤 상황과 관련이 있습니다. 아마도 무슨 문제가 생겼던 것 같고, 지혜라는 키워드가 그 문제의 중심에 자리하고 있었을 것입니다. 초반부에서 바울은, 세상의 지혜와 하나님의 지혜를 대비시킵니다. 세상의 지혜보다 하나님의 지혜가 우월하다는 식으로 말이지요. 결국 그 이야기는 그리스도의 십자가 사건을 중심으로 설명됩니다. 바울은 그리스도가 하나님의 지혜로 드러난 사건이 바로 십자가라고 생각했기 때문입니다(고전 1:18-25).

1세기에는 '필로티미아'(philotimia)가 세계관의 중요한 자리를 차지하고 있었습니다. 이 말은 '명예나 사랑', 혹은 '명예를 가치 있게 생각하는 태도' 정도로 볼 수 있습니다. 자연스럽게 그와 반대되는 불명예는 수치스러운 것으로 생각되었지요. 그중에서도 십자가는 불명예의 극치라고 볼 수 있습니다. 말 그대로 최악의 의미를 가진 상징입니다. 그런데 바울은 오히려 그 십자가 사건을 통해 하나님의 지혜와 능력이 드러났다고 말합니다. 앞서 언급했던 '아비투스'를 떠올린다면 이해가 좀 더 쉬울 것 같습니다. 이 이야기는 십자가를 통해 드러난 하나님의 능력과 지혜를 발견하고, 십자가의 의미와 하나님나라의 새로운 삶을 발견하는 것과 맞닿아 있습니다. 세상의 아비투스로는 그토록 수치스러운 십자가 사건 속에 사실은 하나님의 지혜가 숨겨져 있었다는 것이지요. 이런 맥락에서 바울이 말하는 피스티스는 인간들의 아비투스로 움직여지는 세상 속에 하나님의 아비투스가 침투해 오는 것을 '깨닫고 받아들이는' 것입니다. 바울은 이러한 방식을 가리키는 말로 피스티스를 사용하고 있습니다. 마치 그동안은 보이지 않았던 새로운 세계를 발견한 것처럼 말이지요. 십자가 사건이라는 역설 속에 담긴 기이한 무언가, 그 신적인 이해를 인정하고 수용했던 것입니다.

> 그것은 여러분의 **믿음**이 사람의 지혜에 바탕을 두지 않고 하나님의 능력에 바탕을 두게 하려는 것이었습니다(고전 2:5)

> 우리는 **믿음**으로 살아가지, 보는 것으로 살아가지 아니합니다
> (고후 5:7)

바울은 눈에 보이는 것들, 세상이 정해 놓은 기준대로 살아가는 대신, 보이지 않는 그 세계를 발견하는 것을 피스티스, 즉 믿음이라고 말합니다. 굽타의 표현을 빌려 정리하자면 **'믿을 수 없는 일을 받아들이게 하는 동시에, 눈에 보이지 않는 일을 보게 하는 개념'**이 바로 이 말의 의미입니다.

신앙인으로서 가져야 할 신실함과 충성, 헌신이라는 태도

피스티스라는 말이 종교의 맥락에서만 사용된 것은 아닙니다. 당시의 문헌들을 통해 이 말이 여러 경우에 사용되었음을 알 수 있는데, 그중 하나가 바로 상거래입니다. 서로 물건을 사고파는 상거래에서 상대방을 신뢰하는 것, 거래의 약속을 책임감 있게 지키는 것을 피스티스라고 표현했습니다.

또 다른 용례는 군대와 관련이 있습니다. 피스티스는 군인들이 가지는 충성과 헌신을 가리키는 말로도 사용되었습니다. 이런 용례들을 통해, 우리는 피스티스가 단순히 바울이 만들어낸 종교적인 용어만이 아님을 알 수 있습니다. 그렇다면 바울 역시 이 단어에 신학적인 의미를 가지고 표현할 때, 일반적인 용례의 맥락을 고려했을 것입니다.

> 그러나 우리는 낮에 속한 사람이므로, 정신을 차리고, **믿음**과 사랑을 가슴막이 갑옷으로 입고, 구원의 소망을 투구로 씁시다 (살전 5:8)

> 그러나 나는, 내 형제요 동역자요 전우요 여러분의 사신이요 내가 쓸 것을 공급한 일꾼인 에바브로디도를 여러분에게 보내어야 할 필요가 있다고 생각하였습니다(빌 2:25)

바울은 박해의 어려움 속에서도 신앙을 지키고 그의 가르침을 잊지 않는 이들의 모습(살전 2:13-14)을 보면서 그 신실함을 독려하고자 데살로니가서를 썼습니다. 그는 이 편지에서 믿음(피스티스)과 사랑을 가슴막이 갑옷이라는 군사적인 이미지로 묘사합니다. 빌립보서에서도 이런 이미지가 등장합니다. 에바브로디도를 '전우'라고 소개한 뒤, 어떤 역경에도 자신을 돕기 위해 애쓰는 헌신적인 신앙인의 모델로 소개합니다. 이를 통해 바울은 신앙을 마치 군인들이 가졌던 충성과 헌신의 모티프로 표현하고 있음을 볼 수 있습니다.

> 여러분은 오로지 그리스도의 복음에 합당하게 생활하십시오. 그리하여 내가 가서, 여러분을 만나든지, 떠나 있든지, 여러분이 한 정신으로 굳게 서서, 한 마음으로 복음의 **신앙**을 위하여 함께 싸우며, 또한 어떤 일에서도 대적하는 자들을 두려워하지 않는다는 소식이 나에게 들려오기를 바랍니다. 이것이 그들에게는 멸망의 징조이고 여러분에게는 구원의 징조입니다. 이것은 하나님께서 하시는 일입니다(빌 1:27-28)

이 부분은 바울이 빌립보에 전달하고 있는 권면의 요약입니다. 그는 복음의 신앙(피스티스)을 위해 한마음으로 싸울 것과 대적자들(빌 1:27-28, 3:2-3, 18-19)을 두려워하지 말 것을 당부합니다. 그런 이야기를 '복음에 합당하게 생활해라'라는 말로 갈무리하고 있는 것이지요. 이 말은 하늘의 시민권(빌 3:20)이라는 표현과 같은 맥락에서, 결국 복음이라는 공통의 목적을 가지고 모인 공동체의 사람답게 살아가라는 의미입니다. 이런 맥락에서 복음의 피스티스는 바로 그런 삶이 흔들리지 않도록, 하나님을 향한 충성과 헌신, 끝까지 참고 견디

는 신실함을 의미합니다. 그 신실함을 위해 서로 사랑할 것
과 대적자들을 두려워하지 말라고 바울은 권면하고 있는 것
이지요.

데살로니가서와 빌립보서에서 살펴본 피스티스의 용례는
고린도서의 그것과는 사뭇 다릅니다. 앞선 경우 인식론적인
차원의 의미를 가진 말로 사용되었다면, 이번에는 신앙인이
가져야 할 태도의 차원에서 **신실함, 미쁨, 충성, 헌신 같은
의미**로 사용되고 있습니다.

언약이라는 관계 안에서 하나님을 향한 신뢰

바울이 사용하는 피스티스의 세 번째 용례는 주로 갈라디아
서와 로마서에서 나타납니다. 갈라디아서는 바울 신학의 핵
심 이슈들이 집중적으로 논의되는 복잡한 책입니다. 이 책은
전통적으로 토라를 중시하는 행위 중심의 유대교를 반박하
며, 기독교가 피스티스를 중시하는 은혜의 종교임을 논증하
는 책으로 읽혀왔습니다. 자연스럽게 피스티스는 행위와 반
대되는 개념으로 이해되었고, 은혜와 행위를 이분화하여 믿
음에서 행위를 배제하는 경향을 보였습니다. 한동안 하나님
의 은혜와 인간의 행위를 마치 제로섬 게임처럼 여기며, 인간
의 행위를 강조하면 그만큼 하나님의 은혜가 줄어드는 것처
럼 생각되기도 했지요. 그러나 최근 연구와 논쟁으로 이러한

시각에 변화가 일어났습니다. 유대적 사고에서는 하나님의 은혜와 인간의 의무가 함께 작용한다고 보며, 이에 따라 피스티스를 단순히 행위를 배제한 채 은혜만을 강조하는 개념으로 보기 어렵다는 것입니다. 오히려 하나님과 인간 사이의 약속, 즉 언약을 염두에 두고 사용되었다는 것입니다.

이는 바울이 유대적 맥락에서 사고하고 있다는 전제를 필요로 합니다. 당시 유대인들은 오랜 전통 속에서 하나님과의 관계를 표현할 때 이 단어를 사용했기 때문입니다. 따라서 바울은 유대적인 삶의 방식을 그대로 반영하여 이 말을 사용한 것이지요. 그렇다면 우리는 피스티스를 어떻게 이해해야 할까요? 관계에 중점을 둔 '신뢰'의 개념으로 생각해 볼 수 있습니다. 즉, **언약(계약)의 당사자들 간의 상호 신뢰**이며, **유대를 지속하게 하는 신뢰**입니다. 일반적으로 언약은 쌍방 간의 책임과 의무를 수반합니다. 이해를 위해 시내산 언약을 떠올리면 좋을 것 같습니다. 언약 안에서 하나님은 은혜를 베푸시고 구원하시며, 마치 어미 독수리가 새끼를 업어 나르듯(출 19:4) 인간을 보호하십니다. 이에 대해 인간은 하나님의 은혜를 받아들이고 감사로 응답하며, 하나님을 향한 신뢰를 굳건히 해야 합니다. 또한 어떤 유혹과 어려움 속에서도 흔들리지 않고 하나님의 뜻을 붙잡고 살아가야 합니다. 이것이 곧 하나님의 말씀을 따라 사는 것(출 19:5)이며 인간이 언약 안에서 감당해야 할 핵심적인 의무입니다. 결국 언약을 유지하고 유대를 지속하는 가장 중요한 요소는 쌍방 간의 '신뢰'입니다. 바울은 이러한 **언약의 틀 안에서 인간과 하나님의 '관계적 측면'**을 피스티스로 표현한 것입니다.

로마서도 마찬가지입니다. 전부라고 할 수는 없지만, 바울은 로마서에서 피스티스를 대부분 관계적인 차원에서 표현하고 있습니다. 한 구절만 간단히 살펴보겠습니다.

> 하나님의 의가 복음 속에 나타납니다. 이 일은 오로지 **믿음**에 근거하여 일어납니다. 이것은 성경에 기록한 바 '의인은 믿음으로 살 것이다' 한 것과 같습니다(롬 1:17)

바울은 여기서 하박국 2장 4절을 인용하고 있습니다. 하박국의 이야기가 피스티스를 잘 설명해 주고 있다고 생각한 것이지요. 하박국은 바빌로니아 사람들의 침략을 마주한(합 1:6) 선지자가 하나님의 침묵에 대항해 씨름하는 이야기를 담고 있습니다. 성벽 위로 올라가서 하나님을 향해 따지는 선지자의 외침은 하박국에서 가장 인상적인 장면이라고 할 수 있지요. 그에게 주어진 하나님의 말씀은 결국 기다리라는 것이었습니다(합 2:3). 하나님의 백성은 약속된 때를 기다려야 한다는 것이지요. 이런 맥락에서 하박국 2장 4절이 등장합니다. 간혹 선지자가 이 말을 한 것처럼 오해하는 경우가 있는데, 사실 이 말은 하나님이 화자로 등장하는 구절입니다.

마음이 한껏 부푼 교만한 자를 보아라. 그는 정직하지 못하다. 그러나 의인은 **믿음**으로 산다(합 2:4)

여기서 '믿음'으로 번역된 히브리어 단어는 '에무나'입니다. 구약 성경에서 '믿음'으로 번역될 수 있는 여러 단어가 있지만, 이 단어는 신실함, 충실함, 확고함 등을 의미하며, 흔들리지 않는다는 이미지를 갖고 있습니다. 그래서 많은 학자들은 이 단어가 하나님을 향한 신뢰를 의미한다고 해석합니다. 즉, 단순한 인지적 동의가 아닌 신뢰와 의존의 관계를 나타낸다는 것입니다. 초기 랍비 문헌에서도 하박국 2장 4절 후반부를, 언약을 토대로 '충실함'의 의미로 해석했다는 점은 이러한 이해를 뒷받침해 줍니다. 만약 바울이 이런 맥락에서 하박국의 말씀을 이해하고 인용한 것이라면, 로마서에서 그가 사용한 피스티스 역시 **언약 관계에 기반한 신뢰의 의미로** 해석하는 것이 적절합니다. 특히 바울이 로마서에서 강조하는 그리스도와의 연합(롬 6:3-5)도 이러한 맥락에서 보면 더 쉽게 이해할 수 있습니다. 이 외에도 바울은 로마서 곳곳에서 피스티스를 관계적인 차원에서 표현하고 있습니다. 피스티스는 행위와 대립되는 개념이나 단순한 인지적 동의가 아니라, 훨씬 더 폭넓은 의미를 지닌 개념이라 할 수 있습니다.

총체적인 이야기

바울이 사용했던 피스티스라는 말의 의미를 크게 세 가지로 구분해 보았습니다. 하지만 이 구분 때문에 피스티스가 독자적인 세 가지 의미를 갖고 있다고 오해해서는 안 됩니다. 그보다는 이 말이 조금 더 큰 범주에 있다고 생각하는 것이 좋습니다. 하나님과 이스라엘을 묶어주는 언약이라는 관계를 토대로 피스티스를 이야기하는 것이 기본적인 접근입니다. 하나님나라의 가치는 언약 관계의 회복과 더불어 그 언약에 따라 살아가는 삶의 방향과 맞닿아 있습니다. 하나님을 전적으로 신뢰하는 모습은 충성과 헌신, 그리고 신실하게 의지하는 태도로 나타납니다. 이는 언약 관계 안에서 언약의 당사자로서 우리가 감당해야 할 의무를 표현한 것입니다. 즉, 그리스도를 통해 하나님과의 관계 안으로 들어가 언약의 당사자로서 합당하게 살아가는 것이 핵심입니다. 그래서 이 피스티스를 각각 독립된 별개의 의미로 보기보다는, 바울이 하나의 거대한 이야기를 상황과 맥락에 따라 다른 강조점을 두고 표현했다고 보는 것이 좋을 것 같습니다. 결국 바울에게 피스티스는 언약의 틀 안에서 하나님과 인간의 관계를 총체적으로 표현한 말이 아니었을까요?

체계가 만들어 낸 편협함

어쩌면 우리는 피스티스의 다양한 용례들을 이미 알고 있었는지도 모릅니다. 물론 지금까지 편협하게 생각한 것도 사실이지만, 인식론적 차원은 물론이고 태도의 차원에서 헌신, 충성, 흔들리지 않는 신실함이 우리에게 생소한 이야기는 아닙니다. 곰곰이 생각해 보면 우리가 '믿음'이라는 말을 사용할 때, 이런 의미들을 넘나들며 사용하고 있던 것 같기도 합니다. 문제는 이런 의미들을 소비하는 방식입니다.

구원론적인 체계가 만들어 낸 논리의 벽

처음 나누었던 이야기로 돌아가 봅시다. 우리는 믿음을 구원에 이르는 믿음과 신앙생활에서 태도로 드러나는 믿음으로 구분했습니다. 그런데 왜 이런 구분이 생겼을까요? 이는 피스티스에 대한 편협한 이해 때문이기도 하지만, 더 근본적으로는 어떤 논리적인 체계 때문입니다. 우리는 구원을 어떤 논리적인 과정에서 이루어지는 순간적인 사건으로 생각하는 경향이 있습니다. 그러다 보니 구원의 순간을 기준으로 이전과 이후를 구분하고, 그에 따라 믿음도 나누게 된 것입니다. 우리는 '예수님을 믿으면 구원을 받는다'는 구절을 토대로 믿음과 구원의 관계를 논리적으로 구분하려 합니다. 즉, 구원을 하나의 특정한 시점으로 설정하고, 그 구원을 얻기 위한 수단으로써의 믿음과 이후의 믿음을 따로 구별하는 것이지요. 여기서 '구원에 이르는 믿음'은 주로 복음에 대한 지적인 동의로 이해됩니다. 반면에 충성, 헌신, 하나님을 향한 신뢰 같은 요소는 주로 인간의 행위로 간주됩니다. 바울이 말한 '믿음으로 의롭게 된다'는 표현이 하나님의 은혜를 강조하는 말이기에, 행위적 요소는 자연스럽게 배제됩니다. 대신, 받은 구원의 은혜에 대한 반응으로 '구원 이후의 믿음'이 강조됩니다. 결국 '하나님의 은혜를 받았으니 이제는 그 은혜에 보답하며 살아야 한다'는 태도로 이를 한정 짓는 것입니다. '은혜를 잊고 살아가서는 안 된다!'라는 식의 권면이 우리에게 익숙한 이유입니다.

이런 논리 구조에서는 '구원에 이르게 하는 믿음'이 가장 중요한 요소가 됩니다. 신앙생활 이후의 믿음은 받은 은혜에 감사하며 살아가는 것과 연결되기에 상대적으로 덜 중요하게 받아들여집니다. 예를 들어 누군가가 구원에 이르는 믿음을 가졌다면 이후 충성과 헌신 없이 살아간다 해도 논리적으로는 구원받은 사실에 문제가 없습니다. 그러나 이런 논리는 조금 불편하게 느껴집니다. 그래서 하나님의 은혜에 보답해야 한다는 강조를 통해, 성숙하지 못한 우리의 삶에 죄책감을 느끼게 합니다. 고난주간이 되면 십자가 사건의 본질보다는 그 처참함에만 집중하며 감정을 자극하는 이야기들이 넘쳐납니다. 수련회에서도 우리의 삶을 돌아보게 하기보다 받은 은혜에 보답하지 못하는 것에 대한 죄책감을 강조하는 경우가 많지요. 우리는 회개를 신앙의 핵심으로, 삶의 방향을 돌이키는 것이라고 이야기했지만, 이러다 보면 회개의 의미가 점점 희미해집니다. 결국 신앙생활에서 흔히 언급되는 개념 중 하나로만 남게 되는 것이지요.

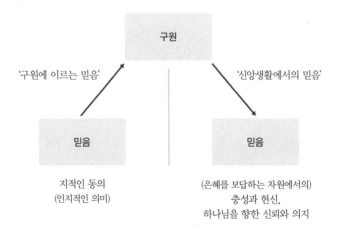

'제자'에 대한 이야기

'제자'라는 개념도 흥미로운 논의입니다. 두 가지 믿음을 구분하는 관점에서, 제자는 단순히 구원에 이르는 믿음을 가진 사람이 아니라 그 이후의 삶에서도 올바른 태도를 배우고 실천하는 사람으로 이해됩니다. 실제로 많은 제자훈련 프로그램은 신앙생활에서 따라야 할 태도와 규칙들로 가득합니다. 처음에는 '무엇을 믿어야 하는지'를 배우고, 이후에는 '신앙생활을 어떻게 해야 하는지'를 중심으로 구체적인 실천을 배우는 식입니다.

여기서는 '구원받은 죄인을 넘어, 그리스도를 따르는 제자가 되자'라는 식의 다소 모순된 표현이 자연스럽게 받아들여집니다. 이는 믿음을 구원에 이르는 믿음과 그 이후의 믿음으로 구분하는, 기존의 구원론이 가진 이분법적 오류 때문입니다. 이것이 예수님을 따르는 삶을 신앙의 핵심이 아닌 신앙생활에서 성숙으로 드러나야 할 부분으로 미루어 놓았습니다. 그 결과, 제자가 마치 신앙의 어느 한 단계인 것처럼 여겨지게 된 것이지요. 즉, 구원받은 후 더 성숙해지거나(제자훈련을 마치거나) 일정 수준에 도달해야 비로소 '제자'라고 불리는 방식이 정착된 것입니다. 하지만 제자는 구원받은 신앙인의 다음 단계가 아닙니다. 이는 모든 신앙인의 기본적인 정체성입니다. 신앙은 단순한 지적 동의가 아닌, 예수님의 메시지와 삶을 따르는 새로운 길을 선택하는 것으로 시작되기 때문입니다.

새롭게 이해해 보려는 시도

그렇다면 저 논리의 틀을 허물어 보면 어떨까요? 구원을 어떠한 순간이 아닌, 하나의 거대한 이야기로 말입니다. 우리가 이야기해 왔던대로, 어그러진 삶의 모습을 뒤로 하고, 하나님과의 관계 안으로 회복되는 그 이야기로 말이지요.

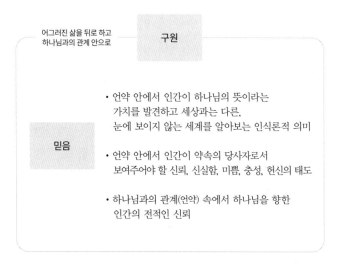

어그러진 삶을 뒤로 하고
하나님과의 관계 안으로

구원

믿음

- 언약 안에서 인간이 하나님의 뜻이라는 가치를 발견하고 세상과는 다른, 눈에 보이지 않는 세계를 알아보는 인식론적 의미

- 언약 안에서 인간이 약속의 당사자로서 보여주어야 할 신뢰, 신실함, 미쁨, 충성, 헌신의 태도

- 하나님과의 관계(언약) 속에서 하나님을 향한 인간의 전적인 신뢰

바울은 피스티스를 하나님과 인간의 관계 속에서 이해합니다. 이렇게 구원을 관계적이며 지속적인 이야기로 본다면, 그 구원에 참여하는 차원에서 피스티스의 의미를 자연스럽게 발견할 수 있습니다. 바울이 '믿음'이라는 표현을 통해 강조하고자 했던 것이 바로 **'은혜와 언약을 통해 하나님과 연합하여 살아가는 삶'**이 아니었을까요?

작은 제안

우리는 그동안 '믿음'을 지나치게 인지적인 차원에서만 이해해 왔습니다. 그래서 '무엇을 믿는가?'라는 질문에 주로 집중해 왔습니다. 성경의 내용이나 기독교적 전통을 받아들이는 것을 믿음의 본질로 여겨 온 것입니다. 이러한 접근은 결국 우리가 '구원에 이르는 믿음을 가졌는가?'라는 문제에만 집착하게 만들었습니다. 그러나 바울이 이해한 피스티스는 단순한 지적 동의가 아니었습니다. 하나님과의 관계 속에서 인간이 어떤 삶을 살아가야 하는지를 이야기하는 총체적인 개념이었습니다.

이제 우리는 **'무엇을 믿는가?'**보다는 **'믿는다는 것은 무엇인가?'**라는 질문을 던져야 하지 않을까요? 성경의 이야기들

이나 전통, 혹은 특정 교리를 지적으로 인정한다고 해서, 그
것이 믿음이 아닙니다. 믿음이 무엇인가에 대한 대답은 우리
들의 고민의 흔적들을 통해, 우리들의 시간 속에 새롭게 드
러날 것입니다. 하나님 안에서 인간다움을 찾고 그것을 토대
로 삶을 살아가는 것으로 말입니다.

개인적인 이야기

신앙생활을 시작한 이후 '왜 이렇게 믿음대로 살지 못하는
가?'란 질문으로 계속 고민해왔습니다. 저의 삶은 항상 부족
함 투성이었거든요. 아마 죄에 대한 인식과 죄책감이 계속해
서 그런 방식으로 생각하게 했던 것 같습니다. 하지만 그에
비해, '내가 정말 믿음 안에 있는가?'에 대해선 그다지 깊은
고민을 하지 못했던 것 같습니다.

앞서 회개가 쉬운 이야기가 아니라고 한 것처럼, 믿는다는
것 역시 쉬운 일이 아닙니다. '예수님을 믿는 것은 쉬운데, 오
히려 살아가기가 어렵다'라는 말은 잘못되었습니다. 바울이
말하는 믿음은 우리가 사용하는 믿음이라는 말보다 훨씬 더
허들이 높은 이야기처럼 느껴지거든요. 피스티스에 얼마나
많은 의미가 있는지를 살펴본 지금은, '확신'이라는 말이 우

리를 얼마나 불편하게 하는지 알게 되었습니다. 우리는 평생을 살아가면서 믿음에 대한 완벽한 확신을 가지기는 어렵습니다. 그저 매 순간 스스로를 돌아보며 내가 올바른 방향으로 걸어가고 있는지, 피스티스가 내 삶에서 의미 있게 드러나고 있는지를 살필 뿐입니다. 어차피 우리는 한 치 앞도 알 수 없는 사람들입니다. 그 막막한 삶을 새로운 삶의 방식대로 그저 한 걸음씩 걸어가는 것이 신앙인의 삶이 아닐까 생각해봅니다. 그렇기에 오히려 피스티스, 바로 하나님을 향한 그 신뢰가 필요한 것은 아닐까요? 여전히 불확실하고 두렵지만, 하나님을 향한 그 믿음을 토대로 우리는 또 다음 한 걸음을 내디딜 수 있습니다. 보이지 않는 길을 신뢰를 토대로 걸어가는 이 믿음의 삶을 여러분과 함께 걸어갈 수 있다면 좋겠습니다.

현실에 의미를 둔 신앙
: 죽음과 내세, 종말

인간은 동서고금을 막론하고 늘 죽음 이후를 고민해 왔습니다. 인간에게 죽음은 가장 두렵고 낯선 것이기 때문이지요. 그래서 오래전부터 인간은 죽음의 두려움을 극복하려 했고, 이러한 시도들은 자연스럽게 신화, 전설, 종교와 연결되었습니다. 불로초, 젊어지는 샘물, 불사의 약 같은 전설은 세계 각국의 민담과 옛이야기에서 쉽게 찾아볼 수 있습니다. 대부분의 종교가 죽음 이후를 다루는 것도 같은 맥락입니다. 죽음만큼 종교와 밀접하게 연결된 주제는 없으니까요. 물론 이 세상에서의 복과 성공도 중요하지만, 삶이 유한하다는 사실을 알고 있기에 결국 죽음 이후의 문제에 더 깊이 몰두하게 됩니다. 이때 종교는 죽음 이후의 긍정적인 미래를 꿈꾸며 이를 성취하는 방법에 주목합니다. 기독교 또한 천국과 지옥이라는 개념을 통해 이를 이야기하고 있습니다.

내세에 대한 기대

지난 5장에서는 하나님나라와 구원이 죽음 이후의 내세를 중심으로 한 이야기가 아님을 살펴보았습니다. 그러나 여전히 많은 사람들이 이 개념을 내세와 연결 짓고, 예수님이 다시 오실 때 이 세상은 사라질 것이라고 생각합니다. 그들은 마지막 때에 심판이 있고, 세상은 불타 없어지며(벧후 3:10, 12), 구원받은 사람들은 부활하여 천국으로 갈 것이라고 믿습니다. 여기서 '종말'은 '마지막 시간'을 가리키는 것으로 이해되고요. 이러한 사고방식은 우리들의 현실에 그다지 큰 관심을 두지 않습니다. 현재의 삶은 단지 잠시 머무는 공간이며, 그나마 관심을 가지는 경우에도 도의적 차원에서 그칠 뿐입니다. 심지어 이 세상을 '썩어 없어질 부질없는 것'으로 여기게 합니다. 황금길이 깔려 있고 보석이 넘치는 영원한 천국, 그 유토피아는 이 세상이 아닌 다른 곳에 있다고 생각하니까요. 이런 이해 속에서 신앙은 그저 우리의 죽음 이후, 즉 내세를 향해서만 소비되고 있는 것입니다.

성경을 통해 자신들의 신앙을 고백했던 신앙 공동체들도

위와 같이 이해했을까요? 이제까지 우리가 살펴봤던 여러 이야기들을 떠올려보신다면, 죽음과 내세 역시 다시 생각해 볼 필요가 있을 것 같습니다.

구약 공동체들의 이해

내세에 대한 기대와 소망, 그리고 부활이 신약 성경과 마찬가지로 핵심적으로 등장할 것 같은 구약 성경은, 의외로 죽음 이후의 삶에 그다지 큰 의미나 소망을 두지 않습니다. 이에 대한 언급들을 살펴보면, 신약 성경에 비해 상대적으로 비중 있게 다루지 않는다는 느낌도 듭니다. '스올'이라던가 무덤, 구덩이 같은 표현들 정도만 간간히 사용하고 있을 뿐이지요. 이런 말들은 마치 그리스 신화의 지하 세계처럼 묘사됩니다. 그래서 구약 성경에 드러난 내세에 대한 청사진을 그리는 것은 쉽지 않은 이야기입니다. 어쩌면 그만큼, 그들의 신앙 안에서 '죽음 이후'는 관심 밖의 이야기였는지도 모르겠습니다.

죽음 이후에 대한 생각

그래도 상대적으로 더 많이 언급된 스올에 대해 살펴봅시다.

죽어서는, 아무도 주님을 찬양하지 못합니다. 스올에서, 누가
주님께 감사할 수 있겠습니까?(시 6:5)

스올에서는 아무도 주님께 감사드릴 수 없습니다. 죽은 사람은
아무도 주님을 찬양할 수 없습니다. 죽은 사람은 아무도 주님의
신실하심을 의지할 수 없습니다(사 38:18)

이를 보면 스올은 하나님과 단절되었음을 의미하는 것 같
습니다. 스올에 있는 죽은 자들은 하나님의 신실하심에 의
지할 수 없고, 그분께 찬양하거나 감사할 수도 없습니다. 다
시 말해 하나님과의 관계 자체가 끊어진 것입니다. 몇몇 구
절은 자신에게 닥친 현실의 암담함을 이야기하며, 마치 자신
이 살아 있지만 이미 스올에 있는 것처럼 말하기도 합니다(욘
2:2, 시 116:3). '과연 하나님이 나와 함께 하시는가?'라고 되물
을 만큼 하나님과 단절된 것 같다고 생각했던 것이지요. 이
를 통해 구약 성경의 죽음에 대한 이해는 하나님과의 관계를
토대로 표현되고 있음을 알 수 있습니다. 삶은 하나님과의 관
계 안에서 축복과 은혜라는 의미로, 죽음은 하나님과의 관
계가 단절된다는 의미로 말입니다. 이렇게 보면, 신앙의 관심
은 자연스레 삶의 영역을 향하게 됩니다. 신앙은 삶이라는 영
역에서만 의미를 가질 수 있습니다. 죽음 이후로는 굳이 신

앙을 가져올 필요도 없는 것이지요.

하지만 내세를 묘사하는 부분이 아예 없는 것은 아닙니다. 고대 근동에서는 땅속 깊숙한 곳에 스올이 있다고 생각했습니다. 이런 세계관을 공유하듯, 구약 성경은 스올을 땅 밑 지하세계처럼 묘사하는 경우가 많습니다(사 14:15). 또 죽음 이후에도 생전의 삶과 신분이 계속 유지되는 것처럼 묘사하기도 합니다(사 14:9). 하지만 이 스올이라는 개념은 신약 시대의 세계관에서 나타나는 천국과 지옥과는 조금 다릅니다. 천국과 지옥이 의로운 자와 그렇지 못한 자가 죽음 이후에 향하게 되는 서로 다른 종착지라면, 스올은 악한 자나 선한 자 모두가 죽음 이후 향하게 되는 곳입니다. 모든 사람은 죽음을 맞이하고 스올로 향하게 됩니다(시 89:48). 너무도 당연한 이야기여서 그럴까요? 이런 맥락에서 구약의 신앙 공동체들은 죽음을 어떤 특별한 저주로 생각하지 않은 것 같습니다. 하나님과의 관계가 끊어진다는 점에서는 부정적으로 인식했지만, 죽음이 늘 저주로 인해 찾아온다고 생각하진 않았습니다. 비록 두려운 일이지만, 모든 사람이 당연히 받아들여야 하는 일이었던 것이지요. 그래서 그들은 누구나 차별 없이 스올을 향해 간다고 생각했습니다. 죽음의 순간, 선인과 악인의 구분을 통해 스올을 피하고 긍정적인 차원의 내세를 향해 간다는 식의 이해가 없었다는 것입니다. 그것이 아마도 그들이 내세에 대해 그리 큰 의미를 두지 않았던 이유였을 것입니다.

죽음에서 다시 생명으로, 부활?

그렇다고 구약 성경이 죽음 이후에 대해 아무런 관심도 두지 않은 것은 아닙니다. 그들은 선하든 악하든 모든 인간은 스올을 향해 간다고 생각했지만, 그 이후의 이야기에 자신들의 기대를 담아내기 시작합니다. 마치 오늘날 우리가 부활에 관해 이야기 하듯이 긍정적인 기대를 드러내기도 합니다.

> 이것이 자신을 믿는 어리석은 자들과 그들의 말을 기뻐하며 따르는 자들의 운명이다. 그들은 양처럼 스올로 끌려가고, '죽음'이 그들의 목자가 될 것이다. 아침이 오면 정직한 사람은 그들을 다스릴 것이다. 그들의 아름다운 모습은 시들고, 스올이 그들의 거처가 될 것이다. 그러나 하나님은 분명히 내 목숨을 건져 주시며, 스올의 세력에서 나를 건져 주실 것이다(시 49:13-15)

이 시편의 화자는 먼저 모든 사람이 죽음을 피해 갈 수 없다고 이야기합니다(시 49:9-12). 하지만 이어지는 13절에서 이것은 어리석은 자들의 운명이라고 말합니다. 15절에서는 어리석은 그들과는 다르게 하나님께서 자신을 건져주실 것이라고 노래합니다. 스올에서 건져주신다는 것은 죽음으로부터 다시 살아남을 의미합니다. 하지만 이 표현이 우리가 생각하는 천국과 지옥, 죽음 이후 더 나은 세상으로 옮겨진다는 개념은 아닌 것 같습니다. 그보다는 스올에서 벗어나 다시금 **자신들이 살아가던 삶의 자리를 회복하는 것**과 관련이 있습니다. 부활에 대한 기대 역시 여전히 자신들이 살아가던 삶을 향해 있다는 것이지요.

이런 개념은 일종의 '신원'의 맥락에서 읽어볼 수 있습니다. 개역개정에서는 '신원'이라고 표현한 이 단어를, 새번역에서는 풀어서 번역하는데, '공정하게 재판해서 (악인에게는 벌을 주고) 선인의 억울함을 풀어주는 것' 정도로 볼 수 있겠습니다(잠 29:14, 사 1:17). 우리들의 삶에는 신앙의 렌즈를 통해 보아도 여전히 풀리지 않는 의문들이 많습니다. 대부분의 종교는 신의 뜻과 그에 반하는 죄를 각각 선과 악으로 놓고 각각에 대한 보상과 심판이라는 강력한 체계를 둡니다. 그럼에도 난제가 존재하는데, 그중 하나가 바로 이해할 수 없는 죽음입니다. 악인들의 평온한 삶과 죽음이라든가 누가 봐도 선한 이의 허망하고 억울한 죽음은 정말 이해하기 어렵습니다. 하지만 구약의 신앙공동체들은 이런 죽음에 대해 답을 내려야 했습니다. 그 해답이 바로 신원입니다. 하나님께서는 억울한 죽음을 맞이한 사람들을 결코 내버려 두시지 않는다고 생각하기 시작한 것이지요. 그들은 인간이 폭력적인 세상에서 삶의 충실함을 잃게 된다면, 하나님께서는 반드시 그들의 억울함을 풀어주시고 본래의 삶의 자리를 회복시키실 것을 신앙고백합니다. 그것이 바로 모든 사람이 죽음을 맞이하지만, 의인들은 스올에서 다시 살리심을 받을 것이라는 기대로 표현되고 있는 것입니다.

이런 맥락에서 구약 성경에서 마치 부활의 모티프를 가진 것처럼 보이는 언급들의 의미는 신약 성경의 그것과는 다릅니다. 심지어 그런 이야기조차 구약 성경 전체에서 그리 큰 비중을 차지하지도 않습니다. 따라서 구약 성경이 내세와 부활에 대한 명확한 개념을 형성했다고 말하기는 어렵습니다. 그보다는 그들이 죽음 이후보다 삶에 비중을 두고 신앙을 이해했고, 부활 역시 삶의 연장선에서 이해했다고 생각하는 것이 더 적절할 것 같습니다.

신약 공동체들의 이해

그렇다면 어떻게 신약 시대에서 부활은 핵심적인 주제가 되었을까요? 일반적으로 지금 우리가 생각하는 부활의 개념은 제2성전기에 이르러서야 등장합니다. 그 시기에 대해서는 여러 의견들이 있지만, 대개 종말론적인 묘사가 등장하는 이사야에서부터 그 개념이 조금씩 드러나기 시작했다고 생각합니다.

제2성전기와 묵시

종말은 흔히 생각하듯 시간적인 의미의 마지막이라고 보기에는 조금 부족합니다. 그보다는 '어떤 세계나 시대의 전환' 정도로 생각할 수 있을 것 같습니다. 이 개념은 묵시적인 맥락에서 사용되었습니다. 제2성전기의 초기 유대교에 나타난 중요한 특징 중 하나가 바로 묵시입니다. 특별히 묵시를 통해 당시의 세상과 삶을 묘사하고, 이상향에 대한 소망을 신앙고백으로 표현했습니다. 이때부터 부활이라는 주제가 더 자주 등장하기 시작합니다. 세상의 모든 악을 없애고 선이 승리하는 이야기를 통해 '죽음과 애통이 영원히 사라질 것'이라는 주제도 드러납니다. 죽음이 사라진다는 것이 바로 부활과 영원한 생명의 모티프이니까요. 앞에서 이야기한, 악인과 달리 억울한 죽음을 당한 의인은 하나님께서 신원하셔서 그들의 삶이 회복된다는 이야기도 조금씩 나타나게 됩니다. 그리고 이런 이해들은 1세기의 초창기 그리스도인들에게도 영향을 주었던 것 같습니다. 사도행전에서 베드로는 예수님의 부활에 대해 다음과 같이 이야기합니다.

이 예수를 하나님께서 살리셨습니다. 우리는 모두 이 일의 증인입니다. 하나님께서는 이 예수를 높이 올리셔서, 자기의 오른쪽에 앉히셨습니다. 그는 아버지로부터 약속하신 성령을 받아서 우리에게 부어 주셨습니다. 여러분은 지금 이 일을 보기도 하고 듣기도 하고 있는 것입니다. 다윗은 하늘에 올라가지 못하였으나, 그는 이렇게 말하였습니다. "주님께서 내 주님께 말씀하시기를, 내가 네 원수를 네 발 아래에 굴복시키기까지, 너는 내 오른쪽에 앉아 있어야 하셨습니다" 그러므로 이스라엘 온 집안은 확실히 알아두십시오. 하나님께서는 여러분이 십자가에 못 박은 이 예수를 주님과 그리스도가 되게 하셨습니다(행 2:32-36)

사도행전 공동체는 예수님의 부활을 이야기하면서, 하나님께서 그를 다시 살리셔서 '주님'과 '그리스도'가 되게 하셨다고 신앙고백합니다. 죽지 않아야 할 존재가 십자가에 의해 억울하게 희생당했기에 하나님께서 그 부당함을 바로 잡으셨다는 것이지요. 이 이야기 자체는 신원의 모티프 안에서 그려지고 있습니다. 물론 신약에 나타난 부활은 구약의 개념과는 다르지만, 적어도 위 구절은 부활의 의미를 신원의 맥락에서 생각해 볼 수 있게 해줍니다.

회복과 새로운 시작

부활에 관한 이야기들이 점점 더 많이 등장했다 하더라도, 제2성전기의 신앙이 내세를 향한 기대로 가득했던 것은 아닙니다. 5장에서 이야기했던 것처럼 복음서 기자들은 종말, 즉 새로운 세상이 하나님의 대리자인 그리스도를 통해 시작되었다고 생각했습니다. 즉, 그들이 말하고 있는 종말은 '하나님 나라'와 연관된 개념이라는 것이지요. 그들의 종말에 대한 기대는 죽음 이후에 비중을 두고 있지 않습니다. 오히려 '이 세상과 인간을 어떻게 이해하며, 어떻게 인간다운 삶을 살아갈 것인가?'라는 질문과 더 맞닿아 있습니다.

신약 성경의 기자들은 종종 만물의 회복(행 3:21, 골 1:19-20, 롬 8:21-23)에 대해 이야기합니다. 어그러진 모든 것이 언젠가 올바른 자리를 찾아갈 것이라고 기대하면서 종말과 회복을 연결 짓고 있습니다. 죽음 이후 어떤 새로운 세계를 향해 간다는 식의 사고는 이런 신앙고백과 어울리지 않습니다. 회복은 우리가 다시 어떤 모습으로 존재해야 하는지를 이야기합니다. 그들이 긍정적인 내세를 인식하든 그렇지 않든 간에, 그들에게 있어 종말은 이 세상이 없어지고 또 다른 세상으로 가는 이야기가 아니었습니다. 지금 살아가는 세상이 새로운 국면을 맞이하고, 하나님의 형상이자 대리자로서의 진정한 '인간다움'을 찾아간다는 이야기에 더 가깝습니다.

분명히 제2성전기를 지나오며 죽음 이후에 대한 인식은 많이 확장된 것 같습니다. 특히 바울은 죽음 이후에 천국과 지옥이 있는 것으로 생각했습니다. 이 생각이 지금 우리가 생각하는 내세관과 종말의 개념을 형성했는지도 모르겠습니다. 중요한 것은 그런 바울에게도 내세, 그리고 죽음 이후의 이야기 자체가 신앙의 목적이 되지는 않았다는 것입니다. 다시 말해, 바울도 신앙을 자신이 말하는 내세를 보장받기 위한 수단이나 도구로 생각하고 있지 않았다는 것이지요.

그러나 형제자매 여러분, 여러분은 어둠 속에 있지 아니하므로, 그 날이 여러분에게 도둑과 같이 덮치지는 않을 것입니다. 여러분은 모두 빛의 자녀요, 낮의 자녀입니다. 우리는 밤이나 어둠에 속한 사람이 아닙니다. 그러므로 우리는 다른 사람들처럼 잠자지 말고, 깨어 있으며, 정신을 차립시다. 잠자는 자들은 밤에 자고, 술에 취하는 자들도 밤에 취합니다. 그러나 우리는 낮에 속한 사람이므로, 정신을 차리고, 믿음과 사랑을 가슴막이 갑옷으로 입고, 구원의 소망을 투구로 씁시다. 하나님께서는 우리를 진노하심에 이르도록 정하여 놓으신 것이 아니라, 우리 주 예수 그리스도로 말미암아 구원을 얻도록 정하여 놓으셨습니다. 그리스도께서 우리를 위하여 죽으신 것은, 우리가 깨어 있든지 자고 있든지, 그리스도와 함께 살게 하시려는 것입니다. 그

러므로 여러분은 지금도 그렇게 하는 것과 같이, 서로 격려하고, 서로 덕을 세우십시오(살전 5:4–11)

바울은 이 편지의 앞부분에서 그리스도인의 부활과 다시 오실 주님을 맞이할 것에 대해 이야기합니다. 그때와 시기는 아무도 알 수 없지만, 그리스도인들은 어둠 속에 있지 않기 때문에 문제가 되지 않을 것이라고 말합니다. 이어서 바울은 '그러므로 정신을 차리고, 분별력 있게 살아가자'고 말합니다. 이처럼 그는 내세에 대한 확신을 구원의 성취와 연결 짓지 않았습니다. 오히려 그 확신이 지금의 삶을 더욱 분별력 있게 살아갈 힘이 되길 바랐던 것 같습니다. 마치 그리스도를 통해 하나님을 신뢰하며 살아가는 삶이 잘못된 것이 아니었음을 확인시켜 주듯 말이지요. 어쩌면 바울과 바울의 메시지를 듣던 공동체들 역시, 앞서 언급한 '신원'의 맥락에서 부활을 신앙고백했는지도 모르겠습니다. 그렇게 내세에 대한 기대와 확신은 **지금의 삶이 틀리지 않았다는 소망**이 되어주었던 것이지요. 다른 서신들에서도 마찬가지입니다. 바울은 긍정적인 내세를 얻기 위한 수단으로 신앙을 가지라고 말하지 않습니다. 우리가 이야기해 왔던 대로, 하나님과의 관계 속에서 그분의 뜻을 좇아 살아가는 삶을 살라고 이야기하고 있습니다. 그것이 하나님께서 창조하신 세상이 움직이는 올바른 방식, 하나님의 형상으로 창조된 인간의 올바른 인간다움이라고 말이지요.

그리스도를 통해 종말, 즉 새로운 세계와 새로운 삶이 시작되었습니다. 그리고 그리스도를 따라 새로운 삶을 살아가기 시작한 이들을 통해, 하나님나라는 점점 더 세상 속에 드러나게 될 것입니다. 바울이 생각했던 신앙도 바로 이런 것이 아니었을까요? 바울은 내세에 대한 자신만의 그림을 그리고 있었지만, 그 자체가 신앙의 목적이자 이유가 되지는 않았습니다. 내세를 향한 확신을 소망으로 삼아, 다시금 하나님의 뜻을 붙잡고 살아가는 삶의 자리로 돌아오는 것, 바울에게 있어 죽음 이후의 이야기를 신앙 안에서 대하는 방식은 그런 것이 아니었을까 생각해 봅니다.

구약 공동체의 이해

죽음

삶	스올
하나님의 임재와 축복	하나님과의 단절
	땅밑 지하세계?
	모든 인간의 종착지

이해할 수 없는
의인의 죽음에 대한 신원 ← 부활?

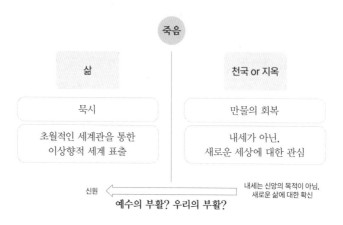

신약 공동체의 이해

죽음

삶 | 천국 or 지옥

묵시 | 만물의 회복

초월적인 세계관을 통한 이상향적 세계 표출 | 내세가 아닌, 새로운 세상에 대한 관심

신원 ← 예수의 부활? 우리의 부활? | 내세는 신앙의 목적이 아님. 새로운 삶에 대한 확신

작은 제안

'예수 믿고 천국 갑시다'라는 말이 기독교의 내세와 종말에 대한 지향을 잘 설명해 주는 말일까요? 많은 사람들이 죽음 이후의 긍정적인 내세에 집중하는 반면, 성경 속 신앙 공동체들은 신앙의 중심을 지금 살아가는 삶의 자리에 두었습니다. 그들 역시 죽음을 두려워했지만 그럼에도 이를 자연스러운 것으로 받아들이고 두려움을 회피하기 위해 내세를 꿈꾸지는 않았습니다. 어쩌면 그것이 그들의 신앙 안에서 죽음을 준비하는 방식이 아니었을까요? 죽음을 마주하며, 한 점 부

끄러움 없이 삶을 살아왔기를 바라는 오늘 우리들의 이야기
와 마찬가지로 말입니다.

　이런 이야기들은 결국 커다란 틀 안에서 '인간과 삶이란
무엇인가?'라는 존재론적인 질문과 맞닿아 있다고 생각합니
다. 자신들이 삶 가운데 맞닥뜨린 수많은 질문들에 신앙을
토대로 대답해가며, '인간다움'에 대해 고민하는 과정이기 때
문입니다. 내세에 대해 좀 더 구체적으로 말하고 있는 신약
시대에도 마찬가지라고 생각합니다. 신약 시대는, 제2성전기
를 지나면서 그동안 붙잡고 살아왔던 신앙의 가치들이 삶에
서 더 이상 아무런 의미를 가지지 못한다고 생각할 만큼 혼
란스러운 시대를 살아온 신앙 공동체들의 이야기입니다. 어
떻게든 자신들의 신앙을 새로운 방식으로 해석하고 답을 내
려야 했던 그들에게 결국 종말과 내세라는 이야기는 가장 먼
저 떠올릴 수 있는 대답이 아니었을까요? 하지만 그들의 그
런 기대와 소망이 신앙의 의미가 되지는 않았습니다. 자신들
의 삶이 틀리지 않았다는 확신을 통해, 그들은 이제까지 해
왔던 것처럼 다시금 신앙 안에서 자신들의 삶을 세상과는 다
른 방식으로 살아갈 힘을 얻었던 것입니다.

　성경을 갈무리한 여러 신앙 공동체들은 이런 방식으로 신
앙에 대해 이야기하고 있는 것 같습니다. 죽음 이후의 어떤
세계를 꿈꾸며 현실을 탈피하기보다는 여전히 진흙탕 싸움

같지만 자신들이 발버둥 치고 있는 삶의 자리에서 신앙에 대해 이야기하고 있다는 것이지요. 그렇다면 우리들의 신앙도 내세에 대한 어떤 확신을 얻기 위해서가 아니라, 지금의 삶을 어떤 모습으로 살아가야 하는지에 대한 질문에서부터 시작되어야 하는 것은 아닐까요? 신앙이란 내가 누구이며 어떤 삶을 살아야 하는지 끊임없이 고민하고, 그 방향을 향해 하루하루 걸어가는 것입니다. 비록 의문과 불확실함 속에 있더라도 우리가 걷는 이 길이 틀리지 않았음을 신뢰하며 살아가는 것, 그것이 바로 신앙입니다. 내세는 그런 우리의 삶이 틀리지 않았음을 기대하는 신앙의 표현 방식이라고 생각합니다.

개인적인 이야기

사실 내세와 관련해서 가장 주목을 받는 이야기는 그리스도의 부활입니다. 결국 인간의 부활은 신약 성경의 증언에 따른 예수님의 부활에 근거하기 때문입니다(고전 15). 그래서 부활의 역사성 논쟁은 언제나 뜨거운 감자입니다. 성경이 역사적인 사실만을 말하고 있다고 생각하는 사람들은 이 부분을 매우 중요하게 생각하거든요. 텍스트를 탄력 있게 읽는다는 사람들조차도 이 문제에 대해서는 쉽게 역사성을 탈피하지 못합니다. 창세기의 창조 이야기를 너무 역사적으로 혹은 과학적으로 읽으면 안 된다고 말하는 사람들조차, 예수님의 부활 이야기는 의심의 여지가 없는 역사적인 서술로 읽는 분들이 적지 않습니다. '예수님의 부활이 역사적 사실이 아니라면 우리의 부활도, 내세도 없는 것 아닌가?'라는 논리로 무장한 사람들이 생각보다 많다는 겁니다.

1장에서 이야기했던 것처럼, 성경은 '역사성'을 증명해 줄 수 없는 텍스트입니다. 그래서 저는 텍스트의 어떤 언급이나 표현을 토대로 그것이 무조건 사실이었다는 식의 접근이나, 텍스트 자체에 기대어 이를 변증하는 방식에 다소 부정적입니다. 혹자는 초창기 예수 운동의 모습과 그 역동적인 변화를 바탕으로, 그 시대 사람들의 세계관을 송두리째 무너뜨리는 부활이라는 사건이 일어났을 것이라고 조심스럽게 추측합니다. 충분히 그럴 수도 있고, 또 아닐 수도 있습니다. 사실 '역사성'이라는 말도 애매하지요. '몸의 부활'이라는 개념만 역사성을 획득하는 것도 아닙니다. 역사적이라는 것은 그보다 더 많은 의미를 함의하고 있습니다. 예를 들면 예수님이 전한 메시지들과 삶의 방식이 제자들의 마음과 삶 속에 남고, 이후 그것들이 계속해서 살아 전해진다는 의미로 부활을 정의해도 그것 역시 역사적인 이야기라고 할 수 있다는 것이지요. 이를 받아들이냐, 그렇지 않느냐로 서로의 신앙

여부를 이야기할 정도로 이 논쟁은 계속해서 진행 중입니다.

저는 부활의 '역사성'을 절대로 증명할 수 없다고 생각합니다. 그 문제가 그다지 중요하다고 생각하지도 않습니다. 물론 저도 부활과 내세가 있으면 좋겠다고 생각합니다. 두려운 죽음 이후에 유토피아가 있고 거기서 영원히 편안하게 만족을 누리며 살아간다면, 그보다 좋은 일이 어디 있겠습니까? 지옥도 있었으면 좋겠습니다. 세상에는 폭력에 기대어 편안하게 살다 죽는 사람들이 많거든요. 하지만 만약 그것이 설령 없다 할지라도 저는 신앙을 버리지 않을 것입니다. 왜냐하면 저에게 신앙은 죽음 이후를 보장해 주는 이야기가 아니기 때문입니다. 내세가 기독교 신앙의 핵심적인 부분이 아니라고 생각하기 때문입니다. 저는 부활의 사실 여부를 고민하기보다는, 그 이야기가 우리의 삶에서 신앙적으로 어떤 의미를 가지는지를 더 고민해야 한다고 생각합니다. 그것이 우리가 '신앙한다'라고 말하는 것과 더 맞닿아 있다는 것입니다.

◆ 신앙에 대한 또 다른 해석과 마주하다

나가며 *

새롭게 신앙을 시작하려는 당신에게

제사장들과 예언자들과 온 백성은 예레미야가 주님의 성전에서 선포한 이 말씀을 다 들었다. 이와 같이 예레미야가 주님의 명대로, 모든 백성에게 주님의 모든 말씀을 선포하니, 제사장들과 예언자들과 모든 백성이 그를 붙잡고 소리를 질렀다. "너는 반드시 죽고 말 것이다. 어찌하여 네가 주님의 이름을 빌려, 이 성전이 실로처럼 되고, 이 도성이 멸망하여 여기에 아무도 살 수 없게 된다고 예언하느냐?" 그러면서 온 백성이, 주님의 성전 안에 있는 예레미야를 치려고, 그 주위로 몰려들었다(렘 26:7-9)

예레미야에는 흥미로운 이야기가 하나 등장합니다. 바로 예레미야가 하나님의 메시지를 선언하자마자, 많은 사람이 그를 죽이려고 하는 부분입니다. 다행히도 그는 누군가의 도움으로 겨우 목숨을 부지하게 됩니다. 하지만 이 장의 마지막 부분에서 예레미야와 같은 메시지를 선언했던 '우리야'라는 사람은 잡혀서 죽게 됩니다. 남쪽 유다 왕국은 그들의 신앙에 있어서 몇 가지 해석을 중요하게 생각했었는데 그중 하나가 바로 예루살렘이 하나님의 도시이고 다윗의 후손이 그곳에서 영원한 왕이 될 것이라는, 이른바 시온을 중심으로 한 생각이었습니다. 오랜 시간 동안 이런 신앙이 강력한 힘을 발휘해 왔기 때문에, 예레미야가 예루살렘 성전이 파괴될 것이라고 선언했을 때 그는 말 그대로 잡혀 죽을 뻔했습니다. 당시의 많은 사람들이 신앙 안에서 '옳다'고 생각했던 전통들에 정면으로 도전했기 때문이겠지요. 하지만 구약 성경을 기록한 신앙 공동체는 결국에는 예레미야가 옳았다고 평가합니다. 예루살렘이 정말로 파괴되었기 때문입니다. 이렇듯 그들의 삶에서 신앙은 해석을 넘어 새로운 의미들을 만들어 가기 시작합니다.

이런 해석의 과정은 반복되고 또 반복됩니다. 포로 귀환 공동체가 생각했던 신앙은 시간이 지나 제2성전기를 거치면서 또 다른 해석을 내놓게 됩니다. 그 수많은 해석 속에서 복음서 기자들은 십자가에서 죽은 예수님이 그리스도라고 하는 해석을 이끌어냈지요. 이전까지의 유대교의 이해들과는 다른, 예수님의 메시지를 토대로 한 새로운 신앙이 시작된 것입니다. 바울 역시 마찬가지입니다. 예수님을 통해 새로운 삶을 발견한 뒤로부터 신앙을 이야기하는 방식이 이전과는 달라졌습니다. '토라'의 틀을 뛰어넘어, 그리스도 안에서 발견한 새로운 가치를 토대로 세상을 이해하기 시작했던 것이지요. 이렇게 해석은 계속해서 반복되기도, 변화하기도 합니다. 그 해석의 과정은 지금도 계속되고 있고, 또 계속되어야 합니다. 사람들에게 예레미야가 선언했던 것처럼 말입니다.

'신앙한다는 것이 무엇인가?'라는 질문은 사실 그리 손에 잘 잡히지 않습니다. 그저 정해진 종교적 토대 위에서, 전통이라는 울타리 안에서 시키는 일은 하고 그렇지 않은 일은 하지 않으며 살아가는 것이 더 쉽고 간단할지 모릅니다. 기독교적인 문화의 범주 안에서 적절히 지켜야 할 것들을 준수하고 종교성을 충족하며 살아가는 것도 괜찮겠지요. 아무리 순종하며 살아가는 것이 어렵다 한들, 세상과 인간을 이해하고 신앙이 무엇인지 고민하는 것보다 어렵지는 않을 것입니다. 이런 면에서 **해석이라는 것은 우리를 자유롭게 하지만, 그만큼 또 우리를 고통스럽게 하는 것** 같습니다. 누군가 정해놓은 대답을 뒤로 하고 다시 생각해 보는 과정에서 세상과 나를 또다시 직면해야 하니까요. 당연히 힘겨운 일입니다. 하지만 조금이라도 작금의 기독교가 말하고 있는 메시지의 불편함을 발견하시게 됐다면요? 사랑을 이야기하면서 오히려 혐오와 배제를 일삼고, 여전히 비상식적인 사고를 하는 사람들을 조금씩 발견하기 시작하셨다면요? 불편해도 괜찮다고 생각하면서, 은근슬쩍 이제까지 해오던 대로 살아가도 괜찮은 걸까요? 그렇지 않습니다. 그런 고민과 사유를 통해 지금까지의 내 모습을 되돌아보는 일이 절대로 우리의 신앙을 무가치한 것으로 만들지 않을 겁니다. 오히려 우리의 신앙을 새롭게 시작할 수 있게 해줄 것입니다.

물론 당장 오늘 하루 먹고 살기 어려운 사람들이 인간의 존재와 세상을 바라보는 방식에 대해 사유하는 것에 관심을 가질 여유가 있을지 모르겠습니다. 그들에게는 지금은 힘들지만 죽어서 좋은 곳에 가면 다 보상받을 것이라는 말이 더 위로가 될지도 모르지요. 하지만 그래서 더더욱 그런 질문을 던져야 한다고 생각합니다. 개인을 넘어서서 모든 사람이 인간다움을 찾아 살아가는 세상을 만들어 가기 위해, 나부터 먼저 세상과 인간을 이해해야 하지 않을까요? 그 속에서 찾아오시는 하나님의 은혜를 신앙고백하는 것이 우리가 신앙을 이해하는 방식이 되어야 하지 않을까요? 인간의 존재를 고민할 여력도 없이 하루하루 힘겨운 삶을 이어가고 있는 이들도 함께 고민할 수 있는 그런 평화로운 사회를 만들어야 하지 않을까요? 당장 하루 먹고 살 길이 막막했던 사람들에게 하나님나라의 새로운 삶에 대해 고민해야 한다고 말씀하셨던 예수님처럼 말입니다. 스스로 가치 없다 생각하며 살아갔던 갈릴리 사람들에게, 오히려 하나님나라가 너희들의 것이라고 말씀하셨던 예수님처럼 말이지요.

새롭게 신앙을 시작하려는 당신과 이 이야기들을 나누고 싶었습니다. 당장 생각이 정리되길 바라는 것은 아닙니다. **진짜 시작은 이 이야기들이 얼마나 단순하고 간단하게만 전달되어 왔는지를 깨닫는 그 순간부터라고 생각합니다.** 이 부족한 글이 막막한 우리에게 어느 정도의 출발점 혹은 방향이나마 제시할 수 있다면 좋겠습니다. 어떻습니까? '당신만의' 신앙에 대한 사유는 시작되었나요? 함께 신앙인으로서 살아가지 않으시겠습니까? 새롭게 신앙을 시작하려는 당신에게 위로를 전합니다.

우리 안에 조금이나마 세상과 인간에 대한 아름다운 이해가 있고, 우리들의 삶이 터럭이라도 하나님의 뜻으로 채워졌다면, 저는 그 모든 것을 하나님의 은혜라고 신앙고백하고 싶습니다. 여러분과 함께 말입니다.

✦ 도움이 되었던 좋은 책들

◇ 평연아카데미 온라인 강의, 『해석학과 신약성서(1,2,3)』, 한수현
  해석학을 접하며 매우 도움이 되었던 강의. 해석학에 대한 기본적인
  틀을 살피고 싶다면 1강에 비중을 두고 수강하시길 추천합니다.

◇ Terry Eagleton, 『문학이론입문』, 김현수 옮김, 인간사랑, 2006
  현대 문학 이론에 대해 잘 정리해 놓은 고전. 해석학적 접근과 '읽는다
  는 것'이 가지는 의미를 넓게 살펴보길 원하신다면 추천합니다.

◇ Anthony C. Thiselton, 『성경해석학 개론』, 김동규 옮김, 새물결플러스,
  2012
  성경해석학에 대한 기본서 같은 책. 철학적 해석학에 대한 기본적인
  이해와 오랜 시간 동안 쌓여 온 해석학의 여러 이야기들을 간략하게라
  도 정리할 수 있는 책입니다.

◇ Anthony C. Thiselton, 『두 지평』, 박규태 옮김, IVP, 2017
  하이데거, 불트만, 가다머, 비트겐슈타인을 중심으로 철학적 해석학에
  대한 기본적인 정리를 한 책. 『성경해석학개론』과 더불어 기본서 같은
  책으로 생각하며 읽으시면 좋을 것 같습니다.

◇ Anthony C. Thiselton, 『기독교교리와 해석학』, 김귀탁 옮김, 새물결플러스, 2016

철학적 해석학 연구를 통해 기독교 교리를 살펴보는 책. 해석학의 기본적인 내용을 접하기 위해서라면, 1, 2부만 읽어보셔도 도움이 될 것 같습니다.

◇ Merold Westphal, 『교회를 위한 철학적 해석학』, 김동규 옮김, 도서출판100, 2019

가다머의 해석학을 중점으로 두고, 마치 예술 작품이나 문학작품, 공연과 같은 맥락에서 철학적 해석학에 대해 이야기하는 책입니다. 앞선 책들 이후에 읽기를 추천드립니다.

◇ Wayne A. Meeks & Richard B. Hays, 『왜 신약성경을 연구하는가』, 김선용/임충열 옮김, 알맹e, 2022

역사비평적 연구가 여전히 유용하다고 말하는 웨인 믹스와 믿음의 눈으로 성경을 읽어야만 한다는 리처드 헤이스의 주장을 비교하며 읽어볼 수 있는 소논문. 텍스트에 어떻게 접근할 수 있는가에 대한 다른 생각을 읽어볼 수 있습니다.

◇ 김근주, 『나를 넘어서는 성경 읽기』, 성서유니온선교회, 2017

오랜 시간 동안 많은 사람이 성경을 읽어온 방식을 돌아보며, 성경 읽기에 대한 기본적인 문제 제기를 담고 있는 책. 천천히 새로운 방식의 성경 읽기를 향하길 원하시는 분들이 첫걸음으로 읽으시면 좋을 것 같습니다.

◇ 최종원, 『텍스트를 넘어 콘텍스트로』, 비아토르, 2019

텍스트에 함몰되는 사유를 넘어 인문학적인 관점에서 콘텍스트를 읽기를 권하는 책. 다양한 주제들을 통해, 배제와 혐오를 벗어난 신앙 공동체와 공공을 지향하는 신앙에 대해 생각해 볼 수 있는 책입니다.

◇ 김근주, 『복음의 공공성』, 비아토르, 2017

구약의 본문을 통해, 복음의 공동체적이고 공공적인 의미를 드러내는 책. 여러 주제와 구약의 주제들을 통해 사적인 차원이 아닌, 공적인 차원으로서의 복음의 의미를 살펴보려는 분들에게 추천합니다.

◇ 최경환, 『공공신학의 눈으로 본 성경』, 지우, 2023

복음을 공적 영역에서 인류의 공동선을 위한 것으로 제시하는 책. 여러 성경 본문을 통해, 사회를 향한 사랑의 실천을 이야기하며, 복음이 가진 공공적인 성격을 회복하는 것에 대해 생각해 볼 수 있는 책입니다.

◇ Walter Brueggemann & Birch, Bruce C 외, 『신학의 렌즈로 본 구약개관』, 차준희 옮김, 새물결플러스, 2016

역사비평적 방식을 기본적인 틀로 사용하면서도 공동체의 신앙고백으로서 최종 텍스트가 가지는 신학적인 의미에 집중하고 있는 책. 개인적으로 구약을 개관하는 책 중에 가장 먼저 읽으면 좋은 책이라고 생각합니다.

◇ J. Richard Middleton, 『새 하늘과 새 땅』, 이용중 옮김, 새물결플러스, 2015

내세 지향적인 신앙의 문제를 인식하고, 총체적인 종말론에 대해 이야기하는 책. 창조부터 종말의 이야기까지 기본적인 토대를 세우는 일에 도움이 되는 책입니다.

◇ Foster R. McCauley, 『고대근동의 신화와 성경의 믿음』, 주원준 옮김, 감은사, 2022

고대 근동 신화의 몇몇 주제들을 메소포타미아와 이집트, 가나안을 중심으로 설명하고 있는 책. 신화가 성경의 모티프 안에서도 어떻게 작용하고 있는지 생각해 볼 수 있게 해주는 책입니다.

◇ David M. Carr, 『거룩한 회복탄력성』, 차준희 옮김, 감은사, 2022

고대 이스라엘과 초기 유대교, 그리고 초창기 교회가 겪은 일종의 트라우마들로 인해, 집단의 정체성을 형성했다는 맥락의 책. 제2성전기에 대한 이해와 더불어, 초창기 기독교 공동체에 대해서도 이해할 수 있게 해주는 책입니다.

◇ 박정수, 『고대 유대교의 터, 무늬』, 새물결플러스, 2018

페르시아 시대와 헬레니즘 시대의 역사적인 이야기와 더불어, 고대 유
대교의 형성에 대해 설명하는 책. 제2성전기와 그 시기의 고대 유대
교를 잘 이해할 수 있게 해주는 책입니다(더 확장된 내용을 원하시면
Martin Hengel, 『유대교와 헬레니즘 1, 2, 3』, 박정수 옮김, 나남출판,
2012를 읽어보시면 좋습니다).

◇ David A. deSilva, 『문화의 키워드로 신약성경 읽기』, 김세현 옮김, 새
물결플러스, 2019

1세기 세계의 문화적 가치들을 설명하는 책. 명예와 수치, 후원과 호
혜, 친족, 정결과 부정 같은 개념이 가지는 의미를 토대로 초창기 신앙
공동체의 상황과 문화적 배경을 살펴볼 수 있는 책입니다.

◇ Martin Hengel, 『십자가 처형』, 이영욱 옮김, 감은사, 2020

많은 역사적 자료를 통해, 1세기 사회 문화 속에서 십자가 처형의 의미
가 무엇인지 설명하는 책. 바울이 말하는 십자가 이야기를 구체적으로
이해할 수 있게 해주는 책입니다.

◇ Nijay K. Gupta, 『신약학 강의노트』, 이영욱 옮김, 감은사, 2020

신약학 분야에서 다루는 여러 주제를 간략하게 다루고 있는 책. 다양
한 방식의 이해와 논쟁을 통해 텍스트를 읽는 다양한 접근에 대해 생
각해 볼 수 있습니다.

◇ Dale C. Allison Jr. 『역사적 그리스도와 신학적 예수』, 김선용 옮김, 비
아, 2022

역사적 예수 연구가 기독교 신앙에 어떤 의미를 줄 수 있는지 살피면
서도 그 한계에 대해서 다루고 있는 책. 역사비평에 대해 생소하신 분
들이 시작하며 읽기 좋은 책이라고 생각합니다.

◇ Gerd Theissen, 『갈릴래아 사람의 그림자』, 이진경 옮김, 비아, 2019

소설의 형태로 예수 시대의 모습을 묘사한 책. 유대교 내의 소종파들
에 대한 묘사도 흥미롭지만, 등장인물들의 표현을 통해 예수의 생애와

정체, 그 의미에 대해 묘사하는 장면은 이 책을 꼭 읽어야 하는 이유라고 생각합니다.

◇ Scot McKnight, 『예수 왕의 복음』, 박세혁 옮김, 새물결플러스, 2014
복음을 서사의 이야기로 이해하게 해주는 책. 신앙을 구원론적인 토대에서만 이해하는 방식을 지나, 다른 방식으로 생각해 볼 수 있다는 화두를 던지고 있는 책입니다.

◇ N. T. Wright, 『예수의 도전』, 홍병룡 옮김, 성서유니온, 2014
역사적 예수 연구를 통해, 1세기 유대교 안에서 예수를 이해하는 책. 1세기 유대교에 대한 일반적인 이야기들에 대해 생각해 볼 수 있는 책입니다(더 확장된 내용을 원하시면 N. T. Wright, 『예수와 하나님의 승리』, 박문재 옮김, 크리스천다이제스트, 2004를 읽어보시면 좋습니다).

◇ Wayne A. Meeks, 『1세기 기독교와 도시 문화』, 박규태 옮김, IVP, 2021
사회사적 연구 방법을 통해, 도시 문화를 기반으로 한 바울 공동체에 대해 설명하는 책. 바울의 공동체의 모습과 정체성에 대해 잘 생각해 볼 수 있는 책이라고 생각합니다.

◇ John M. G. Barclay, 『단숨에 읽는 바울』, 김도현 옮김, 새물결플러스, 2018
바울에 대한 기본적인 이야기들을 설명하는 책. 바울 읽기를 위한 가장 첫걸음으로 읽을 수 있는 책입니다.

◇ N. T. Wright, 『바울을 논하다』, 최현만 옮김, 감은사, 2023
제2성전기 문헌들에 기반해 1세기 유대인의 세계관을 구성해 제시하고 그런 맥락 안에서 바울을 유대적인 정체성 안에서 이해하는 책입니다(더 확장된 내용을 원하시면 N. T. Wright, 『바울과 하나님의 신실하심 상, 하』, 박문재 옮김, 크리스천다이제스트, 2015를 읽어보시면 좋습니다).

◇ Krister Olofson Stendah,『유대인과 이방인 사이에 있는 바울』, 김선용/이영욱 옮김, 감은사, 2021

죄와 용서, 개인 중심의 실존과 '이신칭의'라는 말을 중심으로 바울을 이해하는 방식을 벗어나, 새로운 이해를 시작하려는 분들에게 가장 먼저 추천하고 싶은 책입니다.

◇ Ed Parish Sanders, 『바울과 팔레스타인 유대교』, 박규태 옮김, 알맹e, 2018

유대교에 대한 새로운 이해를 토대로 바울을 이해하는 책. '행위 구원'으로 강조되는 유대교가 아닌, 은혜를 중심으로 한 유대교에 대한 이해와 바울이 말하는 '행함과 믿음'에 대해 다른 방식으로 생각해 볼 수 있게 해주는 책입니다(방대한 자료가 부담이라면, Ed Parish Sanders, 『바울과 팔레스타인 유대교(간추린 판)』, 박규태 옮김, 비아토르&알맹e, 2020을 읽어보시면 좋습니다).

◇ James D.G. Dunn, 『바울에 관한 새 관점』, 김선용 옮김, 감은사, 2018

바울의 '새 관점'이라는 용어가 처음 사용된 논문입니다. 바울에 대한 새로운 이해를 토대로, 바울이 말하는 율법과 믿음에 대해 살펴보고 싶으시다면 꼭 읽어야 할 논문입니다.

◇ John M. G. Barclay, 『바울과 은혜의 능력』, 김형태 옮김, 감은사, 2021

고대의 선물 개념을 통해, 바울이 말하는 은혜의 의미를 이해할 수 있게 해주는 책입니다. 바울에 대한 여러 '새 관점들' 이후의 반복되는 논쟁 속에서, 그것과 다른 또 다른 논의를 살펴보고 싶으시다면 추천합니다(더 확장된 내용을 원하시면 John M. G. Barclay, 『바울과 선물』, 송일 옮김, 새물결플러스, 2019를 읽어보시면 좋습니다).

◇ Nijay K. Gupta, 『바울과 믿음 언어』, 송동민 옮김, 이레서원, 2021

바울이 사용한 '피스티스'를 용례에 따라 정리하고 설명해 놓은 책. 바울이 '믿음'이라는 말을 상황에 따라 그리고 맥락에 따라, 하지만 총체적으로 이해하고 있다는 점을 살펴볼 수 있는 책입니다.

◇ 김근주, 『구약으로 읽는 부활 신앙』, 뉴스앤조이, 2021

구약의 본문과 제2성전기 문헌을 통해, 부활의 의미와 개념의 형성 과정에 대해 설명한 책. 내세에 대한 기대를 중심으로 구성되는 신앙과 다른 방식의 신앙을 이해할 수 있게 해주는 책입니다.

◇ James K. A. Smith, 『누가 포스트모더니즘을 두려워하는가?』, 설요한 옮김, 도서출판100, 2023

우리나라에 자주 소개된 케빈 벤후저, 앤서니 티슬턴 같은 분들이 비중 있게 다루지 않는 이야기를 다루고 있는 책. 책의 부제 그대로, 데리다, 리오타르, 미셸 푸코의 생각들을 간략하게라도 읽어볼 수 있습니다.

◇ 임주형, 『포로된 자들을 위한 소망의 드라마, 다니엘서』, 감은사, 2024

다니엘서를 중심으로 이야기하는 책. 묵시에 대한 이해를 돕고, 제2성전기 이스라엘의 소망이라는 주제와 더불어 신약 성경 기자들의 신앙고백까지 함께 생각해 볼 수 있게 해주는 책입니다.

◇ John Joseph Collins & Daniel C. Harlow, 『초기 유대교』, 김규섭/김선용/김승주/박정수/이영욱 옮김, 감은사, 2022

기독교적인 렌즈를 통해 이해해 온 유대교에 대한 오해(심지어는 혐오)를 넘어, 조금은 더 객관적으로 유대교를 생각해 볼 수 있게 해주는 책. 초기 유대교와 더불어 초기 기독교의 맥락을 생각해 볼 수 있게 해주는 책입니다.

◇ Joseph R. Dodson & David E. Briones(엮은이), 『바울과 철학의 거장들』, 정제기 옮김, 감은사, 2024

그리스-로마 세계의 세계관적인 주제들을 다루면서 바울과 그리스-로마 철학을 비교한 책. 그리스-로마 세계라는 배경에 대한 이해와 더불어, 그것들이 바울에게 준 영향, 하지만 바울만의 특별한 생각들에 대해 비교하며 살펴볼 수 있는 책입니다.

이 책은 기독교 신앙의 핵심이 되는 여덟 가지 주제를 다루며, 이는 일반적인 조직신학의 분류를 따르는 여타의 교리서들과 비슷합니다. 이러한 책들은 대체로 명제적이고 선언적입니다. 즉, 무엇이 옳은지를 논리적으로 서술하고 이 명제를 답이라고 선언합니다. 정답을 제공하는 책인 것이죠. 하지만 이 책은 기존의 교리서들과는 조금 다릅니다. 독자들에게 정답보다는 질문과 고민을 던집니다. 이 가운데 저자가 반복해서 강조하는 말이 있는데, 바로 '삶', '삶의 자리'입니다.

처음에는 저자가 조금 무책임하다고 생각했습니다. 그런데 원고를 읽어가며 점점 생각이 바뀌었습니다. 기독교가 이전보다는 삶과 실천, 세상으로 좀 더 눈을 돌리고 있다 하지만 저자의 눈엔 여전히 기복적 내세관을 벗어나지 못하고 있었거든요. 저의 삶과 최근에 일어난 일련의 국가적 사태를 돌아볼 때, 이런 저자의 지적에 동의하지 않을 수 없었습니다. 사회와 시대가 던진 질문 앞에서 우리의 모습은 초라하고 무기력했으니까요. 저 역시 질문에 익숙하지 않은 사람이기에, 이렇게 질문으로 가득한 책이 쉽지 않았습니다. 그래서 저자가 강조한 '삶'에 좀 더 초점을 두고 읽었습니다.

저자가 강조한 '삶'에는, 답이 다양하다는 의미가 담긴 것 같았습니다. 각자의 삶의 정황이 모두 다르기 때문입니다. 하나님께서는 지금껏 단 한 명도 동일하게 창조하지 않으셨으며, 인간은 끊임없이 변화하는 시간 속에서 살아갑니다. 우리의 삶이 다양한 건 너무도 당연합니다. 피조세계의 다양성은 굳이 언급할 필요도 없습니다. 가정, 교회, 사회 공동체 역시 다양성이 반영된 실체이며, 인간의 사유 세계가 지닌 다양성은 그보다 더 넓고 깊습니다. 이 모든 것을 창조하신 하나님은 무한하시며, 그의 사랑과 지혜 역시 무한하십니다. 창조는 그 무한하신 사랑과 지혜의 발현이기에, 앞선 얘기들을 모두 고려할 때, 저는 다양성을 인정하는 것이야말로 모든 존재 안에 담긴 하나님의 사랑과 지혜를 인정하고 찬양하는 것이라 생각했습니다.

그래서 저는 저자가 제시한 '삶'과 '삶의 자리'를, 신앙하는 가운데 다양성을 인정하라는 촉구이자, 겸손과 사랑에 대한 강한 권면으로 받아들였습니다. 또한 이 책 4장에서 말하는 하나님의 뜻을 겸손과 사랑이라 보고, 이것을 '성경의 원리'

로 받아들이기로 했습니다. 그러고 보니 저에게는 이 책에서 4장이 아주 중요한 부분인 것 같습니다. 4장을 중심으로 본다면 인간은(2장) 사랑해야 하는 존재이고, 죄는(3장) 사랑하지 않는 것이며, 하나님나라는(5장) 사랑이 펼쳐지는 곳, 회개는(6장) 욕심과 미움에서 사랑으로 방향을 돌이키는 것이라 할 수 있습니다. 저자는 계속해서 앞서 논의한 내용들을 연결하는 방식으로 이후의 이야기를 전개합니다. 따라서 독자들은 각자의 이해에 따라 각 주제들을 더 다양한 방식으로 연결할 수 있을 것입니다.

우리는 하나님이 아니기에 정답을 말할 수 없습니다. 답을 찾고자 노력할 뿐입니다. 삼위 하나님께서 논하시는 그 신학의 원형(theologia arcetypa)에 비해 우리의 신학은 그저 모방(theologia ectypa)에 불과합니다. 둘 사이엔 측정할 수 없을 정도로 깊은 간극이 존재합니다. 그러므로 첫째도 겸손, 둘째도 겸손, 셋째도 겸손해야 합니다. 겸손한 사람만이 하나님의 뜻인 그리스도의 사랑을 품고 이를 실천할 수 있습니다. 겸손의 시작은 다양성을 인정하는 것입니다. 하나님이 창조하신 모든 존재의 외침을 경청하는 것입니다. 이를 위해 우리는 끊임없이 질문하고 또 고민해야 합니다. 저자가 말하는 '새로운 신앙'이란 바로 이러한 태도가 아닐까 생각해 봅니다.

지우

새로운 신앙을 만나려는 당신에게

초판 발행 2025년 2월 24일

지은이 신기열
펴낸이 박지나
펴낸곳 지우
출판등록 2021년 6월 10일 제399-2021-000036호
이메일 jiwoopublisher@gmail.com
인스타그램 instagram.com/jiwoopub
페이스북 facebook.com/jiwoopublisher
유튜브 youtube.com/@jiwoopub

ISBN 979-11-93664-07-0 03230

ⓒ 지우

지우

겸손하고 선한 그리스도인들을 위한
좋은 책을 만듭니다.